Bordesholmer Edition

Band 35   1. Auflage 2018

Peter Dentler

alles Psycho!

Psychologie, Psychiatrie, Psychotherapie

Vorwort

Darf ich mich Ihnen vorstellen?

Ich bin ein inzwischen pensionierter Professor der Psychologie. Als ich 1968 meine Frau kennenlernte, studierte ich Jura und sie Psychologie. Was lag da näher als schließlich umzuschulen? Wir haben uns in der richtigen Reihenfolge verliebt, verlobt, verheiratet und dann im Laufe der Zeit drei Kinder groß gemacht. Ganz klassisch, damals viel zu bürgerlich.

Jetzt schreibe ich Texte, zu denen ich bisher noch nicht gekommen bin; vor allem finde ich Stückwerke, die auf ihre Verbindung und Zusammenfassung warten. So ist die hier vorliegende Schrift eine Zusammenfassung aus Vorlesungen, Beiträgen und Stichworten zum Thema Psychologie. Auf Vorträgen und Seminaren werde ich immer wieder gebeten, zu dem Begriffswirrwarr im Bereich Psychologie doch einmal eine Übersicht zu erstellen. Nun hoffe ich, dass mir dies in verständlicher Weise gelingt. Jedenfalls sollten Sie nach der Lektüre dieser Schrift gestärkt sein für Diskussionen um alles, was mit „Psycho" zu tun hat.

An der Hochschule habe ich meine Schriften immer „gegendert", also die weibliche und männliche Form verwendet. Oder ich habe ein großes „I" oder einen Stern * eingefügt. Als mir das zu aufwendig wurde, habe ich ausschließlich die weibliche Form gewählt und die Jungs und alle anderen Geschlechtszugehörigen aufgefordert, sich doch bitte gleichermaßen angesprochen zu fühlen. Das klappte ganz gut.

Im vorliegenden Band habe ich nun die männliche Form gewählt und ich bitte alle Leser, sich dennoch angesprochen zu fühlen.

1. Psychologie als Wissenschaft

1.1 Psychologie – ein unscharfer Alltagsbegriff

Wenn man abends auf einer Party im Gespräch zugibt, man sei Installateur oder Gärtner, kann sich fast jeder etwas darunter vorstellen. Sofort kommt es zu persönlichen Erfahrungen mit anderen Vertretern dieser Berufe, zu konkreten Fragen in eigener Sache und natürlich auch zur Bitte um „Nachbarschaftshilfe". Wenn allerdings jemand zugibt, im Feld der Erziehung ausgebildet zu sein, fühlt sich jeder Gesprächspartner selbst als Experte und argumentiert meist aus seiner persönlichen subjektiven Erfahrung. Erziehung ist sozusagen ungeschützt, weil sie zunächst meist nicht mit wissenschaftlich belegbaren Formeln und Zahlen daherkommt, sondern mit Wertbegriffen und Zielen. Und jeder hat dann seine eigene Vorstellung davon, mit welchen Methoden diese Werte und Ziele zu erreichen seien.

Ganz ähnlich geht es einem, wenn man auf einer Party zugibt, man sei Psychologe. Dann gibt es oft einen kurzen Moment der Verunsicherung, des

Atemanhaltens und der Entscheidung, wie man sich mit so jemandem wohl weiter unbefangen unterhalten könnte. Man kann sich jetzt nämlich gleich in tiefster Seele durchschaut fühlen und deshalb das weitere Gespräch ablehnen oder aber tiefer einsteigen. Man kann auch schräg von der Seite prüfend schauen, ob dieser Psychologe wohl bereits schon vor seinem Studium selbst zu den Spinnern und Verrückten gehört hat oder erst im Umgang mit diesen eine Abfärbung erfahren hat. Man kann aber auch davon sprechen, dass man jemanden kennt, der seinerseits von einer Person oder einer Familie berichtet hat, die dringend eine Psychotherapie bräuchten. Psychologie wird nämlich umgangssprachlich oft mit Psychiatrie und mit Psychotherapie, aber leider auch mit Diplomatie gleichgesetzt.

Nun gibt es tatsächlich kaum eine Wissenschaft, die nicht über den Tellerrand ihrer eigenen Disziplin schaut oder sich auch begrifflich mit einer anderen zusammensetzt wie etwa „Biochemie". In vielen Studiengängen ist es ohnehin wünschenswert, oft sogar verpflichtend, neben dem Hauptfach weitere Interessengebiete zu vertiefen. Und es gibt wohl auch kaum eine Wissenschaft, die nicht neben ihrer Grundlagenforschung auch konkrete Anwendungsbereiche abdeckt – meist in Verbindung mit anderen Fachgebieten. In solchen konkreten Anwendungsbereichen können fruchtbare Möglichkeiten der Zusammenarbeit entstehen, aber auch Konkurrenz und eifersüchtige Besitzstandswahrung, besonders dann, wenn es um Geld und Ansehen geht.

Die Psychologie ist neben ihrer eigenen Profession auch eine der Bezugswissenschaften in der Ausbildung für soziale Berufe wie Pflege, Erziehung oder Sozialpädagogik. Hier geht es nicht nur um Wissensvermittlung und Information, sondern auch um das Verständnis und den Gebrauch von wissenschaftlichen Fachbegriffen. Dies ist eine wichtige Voraussetzung für die Einordnung von Forschungsergebnissen. Aber auch für die Verständigung der verschiedenen Berufsgruppen untereinander ist es nötig, Fachbegriffe gleichbedeutend zu verwenden.

Vielleicht hilft es, wenn erst einmal deutlich gemacht wird, was Psychologie nicht ist. Manche amerikanischen Filme verleiten zu der Annahme, dass in den USA - und dort vor allem in New York - jeder anständige Bürger seinen persönlichen Psychiater beschäftigt. Solche Zustände will man natürlich hierzulande nicht haben. Dazu ist zu sagen, dass auch Amerikaner nicht grundsätzlich psychisch krank sind und auch nicht wegen jeder Aufregung sofort professionellen Beistand suchen. Allerdings ist dort das Verhältnis zu diesen Berufen unverkrampfter. In der deutschen Übersetzung (Filme, Bücher) werden leider die Berufsbezeichnungen oft wild durcheinander gewürfelt. Tatsächlich bieten Psychiater in den USA nur selten Psychotherapie an; vielmehr sind es – anders als in Deutschland - Sozialarbeiter oder Psychologen (oft beide mit Doktortitel), die diese Zusatzausbildung erwerben und als Kassenleistung abrechnen. Und es trifft auch nicht zu, dass die meisten Patientinnen während oder nach der Therapie mit ihrem Psychotherapeuten – regelmäßig Psychoanalytiker – durchbrennen. Da wird also in den Medien ein völlig verquerer Eindruck vermittelt. Aber wir machen ja auch aus dem amerikanischen Wort für „praktisch" (handy) ein Mobiltelefon.

In Deutschland werden die Psycho-Berufe oft ziemlich durcheinander gebracht. Da wird ein Psychiater kurzerhand zum Psychologen oder zum Psychotherapeuten oder ein Psychologe zum Psychiater. Auch Pädagogen werden „automatisch" psychologische Fähigkeiten zugesprochen, zumal sie in ihrer Ausbildung auf psychologische Erkenntnisse zugreifen und selbstverständlich davon ausgehen, sie hätten sie selbst erforscht. Oder überhaupt jeder einfühlsame Mensch wird zum Psychologen, der zum „psychologisch günstigsten Zeitpunkt" vorsichtige Fragen stellt. Auch im Sport ist viel von Psychologie die

Rede und von Emotionen. Immer wieder wird „psychologisches Geschick" erwartet, besonders von Psychologen. Das wiederum haben aber studierte Psychologen nicht studiert, sondern höchstens und rein zufällig in ihrer Familie und dort schon in der Kinderstube gelernt.

Die Ausbildungsgänge sind aber tatsächlich sehr verschieden.

Psychiater und Neurologen haben zunächst ganz regulär Human-Medizin studiert, bevor sie sich nach ihrer Ausbildung über viele Jahre hinweg zum Facharzt spezialisieren. Ärzte aller Fachrichtung können eine Doktorarbeit schreiben (Dissertation) und damit zum Dr. med. promovieren. Aber eine Promotion ist nicht erforderlich, um als Arzt tätig zu sein.

Die fachärztliche Ausbildung zum Psychiater war früher einmal gekoppelt mit der Ausbildung zum Neurologen: die eine Ausbildungshälfte an einer Universitätsklinik oder einer Fachklinik wurde in der Psychiatrie abgeleistet, die andere Hälfte in der Neurologie. Das bedeutet, dass zumindest ein Teil der älteren Psychiater auch Neurologen sind und umgekehrt. Inzwischen gibt es jedoch längst neue Ausbildungsrichtlinien, welche diese Facharztausbildungen eindeutig regeln. Es lohnt sich also, in der Zusammenarbeit mit einem entsprechenden Facharzt nach dessen Ausbildungsschwerpunkt zu fragen.

Man kann sich auch weitere Auskünfte bei der Ärztekammer eines Bundeslandes einholen.

Psychiater kümmern sich um psychische Erkrankungen, die man in Deutschland früher im Wesentlichen in „Psychosen" und „Neurosen" unterschied. Diese Begriffe sind zwar noch in Gebrauch, aber heute weitgehend durch „Störungen" der verschiedensten Art ersetzt worden. Verhaltensabweichungen krankhafter Art werden – oft anhand von Tests, die von Psychologen entwickelt wurden - diagnostiziert und überwiegend medikamentös behandelt. Leider wird in dem Zusammenhang von Laien oft „abweichend" mit „krankhaft", also behandlungsbedürftig gleichgesetzt, worüber im Zusammenhang mit „Normalität" noch zu sprechen sein wird.

Neurologen konzentrieren sich auf Funktion und Störungen des Gehirns und der Nerven. Sehr allgemein gesagt, widmet sich die Neurologie denjenigen Auffälligkeiten und Krankheiten, die man – meist bekannten - Funktionsstörungen im Gehirn und dem gesamten Nervensystem zuschreiben kann. Deshalb gibt es in diesem Fachgebiet viele diagnostische Möglichkeiten einschließlich der bildgebenden Verfahren. Die therapeutischen Möglichkeiten der Neurologie werden oft in Zusammenarbeit mit anderen Berufszweigen wie Fachpflege, Physiotherapie, Ergotherapie, Logotherapie gekoppelt, z.B. nach einem Schlaganfall, bei Demenzen verschiedener Herkunft oder bei Funktionsstörungen des Bewegungsapparats. Darüber hinaus gibt es in der Neurologie eine chirurgische Abteilung, die Neurochirurgie. Weitere Abteilungen, beschäftigen sich z.B. mit der Schmerztherapie. Hier ist der fließende Übergang zur Psychiatrie und zur Psychotherapie gut zu erkennen, da der Schmerz zwar eine objektiv lokalisierbare, aber prinzipiell subjektive Empfindung ist.

Man könnte sagen, dass sich die Neurologie mit denjenigen mentalen und psychischen Störungen beschäftigt, für die bekannte oder vermutete körperliche Fehlfunktionen verantwortlich sind, während sich die Psychiatrie mit denjenigen Störungen widmet, für die – noch – keine konkret greifbaren körperlichen Ursachen gefunden wurden.

Die Psychiatrie ist also traditionell zuständig für psychische Auffälligkeiten des Verhaltens und Erlebens, die von einer Person selbst oder von deren sozialem Umfeld als so störend betrachtet werden, dass ein normales Privat – und Arbeitsleben nicht aufrecht zu erhalten ist. Zunächst wird erst untersucht, ob es sich nicht doch um eine internistische oder neurologische Störung handelt, also um etwas körperlich Nachweisbares. Wenn dies nicht der Fall ist, geht man über zu dem Begriff „Psychische Erkrankung", der allerdings genauso wenig aussagt wie „Körperliche Erkrankung". Vielmehr wird jetzt untersucht, ob es sich um eine Neurose oder um eine Psychose handelt, denn danach entscheidet sich die Art der Behandlung. Die diagnostischen Möglichkeiten der Psychiatrie oder der Psychotherapie sind zwar erheblich unschärfer als die der Neurologie, aber es gibt durchaus konkrete Verhaltensbeschreibungen für die eine wie auch für die andere Diagnose. So sind z.B. so genannte Leitsymptome und das Ausmaß eines oft zu beobachtenden „Realitätsverlusts" meist gut zu unterscheiden. Schwierig wird die Diagnose bei Übergängen aller Art, insbesondere beim so genannten „Borderline-Syndrom", einem Grenzfall zwischen Psychose und Neurose oder je nach Sichtweise eine eigenständige Erkrankung. Dies letztere wird in der Literatur gut beschrieben (z.B. von Kreisman und Straus: Ich hasse dich – verlass mich nicht.).

Da es sich bei den Erkrankungen, die der Psychiatrie zugeordnet werden, zwar um beobachtbare und beschreibbare, aber bislang nicht ursächlich oder nur unzureichend erklärbare Verhaltensabweichungen handelt, fällt es hier besonders schwer, eindeutige Diagnosen zu erstellen. So ist es nicht verwunderlich, dass in diesem Wissenschaftsbereich noch mehr an durchaus widersprüchlichen Diskussionen und

Forschungsvorhaben entstehen als in anderen Bereichen. Erschwert wird dieses Problem auch dadurch,
dass sich US-amerikanische Psychiatrie-Standards
über die Weltgesundheitsorganisation WHO als „international" durchsetzen konnten und so die amerikanischen Begrifflichkeiten und diagnostischen Sys-
tematiken die klassischen europäischen Systemati-
ken überlagert haben. Je nach psychiatrischem Lehr-
buch und je nach nationaler Herkunft einer Lehrmeinung gibt es im Bereich Psychiatrie für den
Laien viele Möglichkeiten der Verwirrung. Allerdings trügt der Anschein: die Fachleute sind sich
national wie auch international erheblich einiger als
vermutet wird. Das liegt daran, dass die konkret beobachteten krankhaften Leitsymptome wie etwa ein
„Realitätsverlust" zwar verschieden benannt werden,
aber dennoch weltweit in gleicher Weise beobachtet
und behandelt werden können.

Die Behandlungsmöglichkeiten der Psychiatrie beziehen sich wie auch sonst in der Medizin meistens
auf die Behandlung mit Medikamenten. Der
Schwerpunkt liegt auf den Psychosen, von denen
man nach wie vor nicht viel über die Ursachen weiß.
Insofern wird in diesem Bereich üblicherweise keine
früher so genannte „aufdeckende" Psychotherapie
angeboten, sondern „zudeckende" Maßnahmen aus
dem Bereich der Verhaltenstherapie. Bei Neurosen
geht man davon aus, dass biografische Faktoren ursächlich im Vordergrund stehen. Deshalb ist dort

Psychotherapie (nicht nur Therapie der Psyche, sondern Therapie mit psychischen Mitteln, in der Regel durch Gespräche und Übungen) angezeigt, wobei eine vorübergehende Unterstützung durch Medikamente nicht ausgeschlossen ist. Auch wenn man die Ursachen nicht oder nicht genau kennt, ist es immerhin erfreulich, wenn man wenigstens die Symptome lindern kann. Behandeln ist eben leider nicht gleich heilen. Siehe Anhang S. 133.

Psychologen studieren zunächst wissenschaftliche Vorgehensweisen zur Erforschung von Verhaltensweisen, die zwar oft schon bekannt sind, aber nicht systematisch auf ihre Ursache oder Folgen hin untersucht worden sind. Es kann sich dabei um normales wie auch um normabweichendes Verhalten handeln. Da jedoch menschliches Verhalten sehr komplex ist und sich oft der präzisen Definition und Beobachtung entzieht, muss besonders genau erlernt werden, was man wie beforscht. Dazu ist viel methodisches und statistisches Wissen nötig sowie gute Kenntnisse in computergestützter Sammlung und Auswertung von Datenmaterial. Eine der Schwierigkeiten bei komplexen Verhaltensweisen, wenn also mehrere Faktoren gleichrangig oder auch verschiedenrangig angenommen werden, ist die Isolierbarkeit und Messbarkeit dieser Faktoren.

Das menschliche Gehirn ist meist nicht in der Lage, mehrere Angelegenheiten gleichzeitig und zuverlässig zu bearbeiten; wohl aber der Computer. Deshalb hat sich die wissenschaftliche Psychologie bereits seit Jahrzehnten der Möglichkeiten des Computers bedient und legt in der Hochschulausbildung zum Psychologen nach wie vor größten Wert auf Kenntnisse der wissenschaftlichen Methodik, also mathematische und technische Methoden zur Auswertung von Daten. Erst dann konzentriert sich die Ausbildung auf die verschiedenen Bereiche, in denen sie den normalen oder den normabweichenden Menschen in seinem Verhalten erforschen wollen. Insofern sind Psychologen zunächst forschungsorientiert.

Auch studierte Psychologen können eine Promotion anstreben durch eine Dissertation. Diese ist in der Regel erheblich umfangreicher als eine medizinische Doktorarbeit. Psychologen wurden früher meist zum Dr. phil. (Philosophie, Geisteswissenschaft) promoviert, heutzutage aber zum Dr. rer. nat. (Naturwissenschaft). Die Berufsbezeichnung „Diplom-Psychologe" läuft inzwischen aus und geht über in Psychologe M.Sc. (Master of Science) oder „M.Sc. Psych.". Psychologe ist ein gesetzlich geschützter Begriff.

Nun denkt man aber beim Stichwort Psychologie oft automatisch an Psychotherapie. Aber weder Psychologen noch Ärzte, auch nicht Psychiater, sind automatisch Psychotherapeuten. Psychotherapeut wird man erst, wenn man nach dem Studium eine mehrjährige und kostenintensive psychotherapeutische Zusatzausbildung beendet hat. Eine solche Zusatzausbildung findet aber in Deutschland üblicherweise nicht an Hochschulen, sondern an privaten Instituten statt. Sie ist auch nicht unbedingt an ein vorheriges Studium der Medizin oder Psychologie gebunden. Auch ein „klinischer Psychologe" ist kein Psychotherapeut. Dieser Begriff steht nur für ein Spezialgebiet innerhalb des Studiums. Er meint auch nicht die Arbeit in einer deutschen Klinik, sondern die Fokussierung zum Beispiel auf psychologische Diagnostik (Psychotests) in ambulanten oder stationären Einrichtungen (englisch: clinic = Praxis).

Psychiater und Neurologen können sich wie alle anderen Ärzte zum „einfachen" Psychotherapeuten ausbilden lassen., auch zum spezifischen Facharzt für Psychotherapie. Die Kassen zahlen dann auch für diese Behandlungen. Psychologen mit zusätzlicher Ausbildung in Psychotherapie hatten es in der Vergangenheit schwer, die Kostenübernahme durch Kassen bewilligt zu bekommen. Das hat sich mit der Einführung einer Kammer für Psychologische Psychotherapeuten geändert. Allerdings sind die neuen Regelungen durchaus nicht zufriedenstellend; sie führen häufig zu Verwirrungen und Umständlichkeit, weil sie ebenfalls durch die Bürokratie der kassenärztlichen Verwaltungen abgewickelt werden.

Leider ist der Begriff „Psychotherapie" nicht geschützt. Insbesondere kann man über das Heilpraktikergesetz (HPG) auch psychotherapeutische Tätigkeit ausüben. Man kann sich auch in wenigen Monaten zum „Psychologischen Berater" ausbilden lassen.

Es liegt wohl auf der Hand, dass dies nicht mit der langjährigen Ausbildung eines Psychologen zum Psychologischen Psychotherapeuten mit Approbation in der Therapeutenkammer vergleichbar ist.

Nicht alle Psychologen streben den geschützten Bereich des Psychologischen Psychotherapeuten an. Vielmehr arbeiten wohl die meisten Psychologen an Universitäten und Forschungseinrichtungen oder in der Wirtschaft (Personalabteilungen).

Oft wird Psychologie umgangssprachlich gleichgesetzt mit anderen Begriffen, die ebenfalls mit „Psycho" beginnen. Aber Psychologie ist nicht Psychiatrie und auch nicht Psychotherapie; dies sind zunächst nur Namensverwandtschaften, die aber inhaltlich sorgfältig unterschieden werden müssen.

1.2 Umgangssprache und Wissenschaftssprache

Bis vor ungefähr hundert Jahren war Latein die Sprache der Wissenschaft. In der Medizin ist das noch heute so; Medizinstudenten mussten noch vor einigen Jahren Schulkenntnisse in Latein nachweisen – das so genannte kleine oder sogar das große Latinum. Während ihres Studiums müssen sie heutzutage wenigstens einen Kurs „Terminologie" zur lateinischen Fachsprache ablegen. So wird gewährleistet, dass Fachbegriffe eindeutig definiert sind und über Sprachgrenzen hinweg, also auch international zu gebrauchen sind. Natürlich entsteht dabei auch eine Abgrenzung von der Umgangssprache. Aber das gelingt nur bedingt, da sich die Umgangssprache oft genug medizinischer Begriffe bemächtigt. Dann kommt es meist zu Unschärfen und Verwässerungen. Als Beispiel dafür sei der Begriff „Depression" genannt: dies ist ein definierter Krankheitsbegriff (endogene Depression im Bereich der Psychosen oder aber reaktive Depression im Bereich der Neurosen), der nicht zu verwechseln ist mit ganz normaler Trauerarbeit. Viele Fachleute gehen davon aus, dass „hinter" einer reaktiven Depression oft auch eine massive Wut wegen eines Verlusts von Personen, von Gesundheit oder Arbeit und Lebensaufgabe steckt. Von Depression sollte man jedenfalls erst sprechen, wenn eine Person in Zeit und Intensität über das normal zu erwartende Maß emotional reagiert und sich dieses Verhalten in krankhafter Weise chronifiziert. Dazu muss man wiederum wissen, was als statistisch normal zu betrachten ist. Der Normalitätsbegriff wird umgangssprachlich sehr diffus gebraucht oder sogar gänzlich abgelehnt. Doch wie soll man ein abweichendes Verhalten beeinflussen wollen, wenn man sich nicht einig ist, was normal ist? In der Wissenschaft ist dieser Begriff zumindest statistisch klar definiert.

Wenn sich „normale" Menschen gegenseitig als „Psychopathen" oder Kinder auf der Straße sich gegenseitig als „du Schizo" beschimpfen, geht natürlich jegliche fachliche Differenzierung verloren.

Auch in anderen Wissenschaftsbereichen sind Begriffe aus dem Griechischen und dem Lateinischen üblich. Dort dienen sie ebenfalls der Eindeutigkeit und der Internationalisierung. Heute ist Englisch zum Standard geworden. Allerdings geht beim Import englischer Begriffe manchmal auch die gewünschte Eindeutigkeit verloren wie etwa bei dem Begriff „Team".

Einer charmanten Deutung zufolge galt das englische Team ursprünglich für die Pferde vor einer Kutsche. Die mussten nach Rangordnung richtig eingespannt werden und dann im Gleichtakt ihre Arbeit erledigen. Der Kutscher kümmerte sich um Richtung und Geschwindigkeit und um alles andere.

Beim Import des Begriffs nach dem zweiten Weltkrieg hat man wohl bewusst den Kutscher weggelassen, weil man mit Führung schlechte Erfahrungen gemacht hatte. In der Folge verkam manches deutsche Team zu einer Wohlfühloase ohne erkennbare Leitung, aber mit hohem Anspruch an staatliche Fürsorgepflichten. Kindergartenreime wie „piep, piep, piep, wir haben uns alle lieb" kennzeichneten frühere Kollegien und Arbeitsgruppen. Erfreulicherweise ist diese Entwicklung nun im Rückgang begriffen.

Es gibt echte Teams mit klarem Auftrag zum Beispiel im Sport oder im Operationssaal: verschiedene Spezialisten arbeiten in einem hierarchisch strukturierten Rahmen unter klarer Führung. Das tut dem gegenseitigen Liebhaben keinen Abbruch, wenn es denn so gewollt ist. Ein Team ist so gut wie seine

Führung. Aber dieser Aspekt wurde beim Import weitgehend unterschlagen.

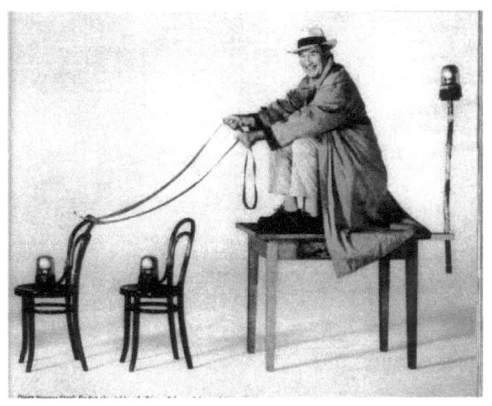

Team (Quelle leider unbekannt)

1.3 Aufgaben der wissenschaftlichen Psychologie

Vielleicht sollte man zunächst einen wichtigen Unterschied zwischen Psychologie einerseits und Pädagogik andererseits herausarbeiten. Oft werden nämlich die Belange der Pädagogik und die der Psychologie in einem Atemzug genannt, so, als hätten sie dieselbe Zielsetzung. Psychologen wollen das menschliche – übrigens auch das tierische - Verhalten erforschen und die daraus gewonnenen Rückschlüsse den verantwortlich Handelnden zur Verfügung stellen. Dem gegenüber sind Pädagogen so wie Ärzte, Juristen oder Politiker meist selbst Handelnde und von vornherein an der konkreten Umsetzung in vorher definierte Zielbereiche interessiert.

Psychologen müssen in der Regel kein pädagogisches oder politisches Ziel vorgeben oder verfolgen; sie verstehen ihre Arbeit zunächst und überwiegend als Grundlagenforschung. Insofern ist das Studium der Psychologie eher auf Forschung und wissenschaftliche Methodik ausgerichtet, nicht so sehr auf die praktische Umsetzung. Psychologie sollte also nicht automatisch mit praktischer Lebenshilfe gleichgestellt oder verwechselt werden.

Oft wurden und werden Psychologen als Berater in Schul- und Erziehungsfragen im öffentlichen Dienst (Schulbehörden, Jugendämter, Arbeitsämter, etc.) und bei Wohlfahrtsverbänden eingestellt. Allerdings haben Psychologen während ihrer universitären Ausbildung keine soziale oder kommunikative Kompetenz zur Beratung erworben; das gilt übrigens genauso für ihre Kollegen aus der Pädagogik oder der Medizin. Der Einsatz von studierten Psychologen in der Beratung ist also keineswegs selbstverständlich. Wie bereits dargestellt, erlernt man Beratungskompetenzen oder soziale Kompetenzen wie „richtig zuhören" oder gar „Menschenkenntnis" wohl – mit Glück - zunächst in der Kinderstube und dann nach dem Studium in qualifizierten Zusatzausbildungen mit viel Eigenreflexion und „Selbsterfahrung". Deshalb wird inzwischen bei entsprechenden Bewerbungen darauf geachtet, dass solche Zusatzqualifikationen vorliegen.

Manch einer glaubt natürlich von sich, er habe solche Kompetenzen bereits mit „der Muttermilch eingesogen" und brauche deshalb keine gesonderte und vor allem teure offizielle Qualifikation mehr. Leider sind Begriffe wie „Beratung" oder „Therapie" nicht geschützt, so dass alle möglichen und für den Laien kaum unterscheidbare Hilfsangebote nur so aus dem Boden sprießen.

Alle naturwissenschaftlichen Disziplinen haben Methoden der Messung ihres Forschungsgegenstands entwickelt. So brachte auch die Psychologie eine spezielle Kompetenz der wissenschaftlich fundierten psychologischen Testdiagnostik hervor, welcher lange Zeit großer Wert beigemessen wurde. Diese spezielle Kompetenz wurde jedoch später zunehmend in Frage gestellt, als aufgrund politischer Überzeugungen (wie z.b. „gleiche Bildungschancen für alle") der Nutzen und die Messbarkeit von Fähigkeiten wie „Intelligenz", „Merkfähigkeit", aber auch „Gruppenfähigkeit" oder „Frustrationstoleranz" in den Hintergrund gedrängt oder gar ganz angezweifelt wurde. Nichtsdestotrotz bemächtigten sich viele Berufsgruppen der Möglichkeiten psychologischer Testdiagnostik und brachten diese oft genug in Verruf, weil in der Regel das nötige statistische Hintergrundwissen fehlte oder die Fragestellung diese Testdiagnostik nicht hergab. So haben Pädagogen an Schulen reihenweise Untersuchungen mit dafür ungeeigneten Tests durchgeführt, um Differenzierungen im Bildungssystem zu erfassen. Auch Arbeitgeber fanden Gefallen daran, psychologische Tests zur Quantifizierung ihrer Auswahlsysteme einzusetzen.

Als Beispiel möge hier noch einmal verdeutlicht werden, dass für studierte Psychologen ein Intelligenzquotient IQ schon lange gar kein mathematischer Quotient mehr ist. Das hat mit der Entwicklung der Intelligenztests zu tun. Längst werden in einem Intelligenztest je nach konkreter Fragestellung unterschiedlichste messbare und vergleichbare Fähigkeiten (Leistungstests) untersucht. Intelligenz als die Fähigkeit, erworbenes Wissen und Erfahrung an verschiedenen Orten erfolgreich umsetzen zu können, ist so nicht messbar. Aber einzelne Fähigkeiten können – zur Zeit der Diagnostik - sehr gut erfasst werden. Die Ergebnisse dieser Fähigkeiten dürfen dann natürlich nicht einfach mathematisch gemittelt und als IQ ausgeworfen werden. Das wäre der gleiche Denkfehler wie bei einer Abiturnote, bei der Ergebnisse aus verschiedenen Fähigkeiten zu einem Durchschnitt gemittelt werden. Allerdings wird dieser Denkfehler nach wie vor als offizieller Zugang zu Ausbildung und Beruf eingesetzt.

Daneben gibt es auch Tests zur Erfassung von Persönlichkeitsmerkmalen. Diese sind vor allem im Bereich von Erkrankungen sinnvoll. Allerdings handelt es sich hierbei nicht um Tests im strengeren Sinn, da sie meist keine objektiv messbaren Ergebnisse liefern, sondern subjektive Einschätzungen. Insofern wird hier vorzugsweise nicht von Tests gesprochen, sondern von Fragebogen. Auch die in der Schmerztherapie eingesetzte „Schmerzskala" – also das subjektive Schmerzempfinden - ist kein Test, sondern ein Fragebogen. Entsprechend dürfen die Ergebnisse auch nicht mit mathematischen Verfahren ausgewertet werden.

Ein psychologischer Test ist für eine ganz bestimmte Fragestellung konzipiert und über lange Zeit nach allen Regeln der Methodik und Statistik entwickelt worden. Deshalb sollte er nur für diesen Zweck von Psychologen durchgeführt und interpretiert werden. Zum Vergleich: die Diagnostik zur Hirnaktivität, z. B. EEG, ist eigentlich von fast jedem Laien durchführbar. Allerdings sollten die Sinnhaftigkeit der Diagnostik und die Interpretation der Befunde dem Fachmann überlassen bleiben. Oft werden aber bereits bei der Durchführung medizinischer Test Artefakte geschaffen, bevor der Mediziner die Ergebnisse überhaupt zu sehen bekommt: wenn ein Herzkranker nach langer Wartezeit in einem kühlen Kellerflur eines Klinikums dann schließlich von einer frustrierten Assistentin die behaarte Brust rasiert und dann die Elektroden für ein EKG angelegt bekommt – die dann oft nicht so recht haften wollen – ja, was kommen da wohl für Ergebnisse heraus? Der behandelnde Arzt in den oberen Stockwerken bekommt dann den Papierstreifen zu sehen und diagnostiziert nach Augenschein.

Ein Psychologe ohne Test ist in Ordnung, nicht aber ein psychologischer Test ohne Psychologe.

Überspitzt zusammengefasst: angewandte Pädagogik orientiert sich an einem Erziehungsziel und den didaktischen Methoden, um zu diesem Ziel zu gelangen. Pädagogik will den Menschen weiterentwickeln, zu einem möglichst selbständig handelnden Individuum erziehen. Dies ist nicht das erklärte Ziel der akademischen Psychologie; selbst praxis- und anwendungsbezogene psychologische Betätigungsfelder wie etwa Testdiagnostik oder gutachterliche Tätigkeit vollziehen sich in einem Rahmen, in dem der Psychologe außerhalb des tatsächlichen Geschehens bleibt: er gibt Informationen und Anregungen, die er aber nicht durchsetzen muss oder kann. Die Tatsache, dass Psychologen in juristischen, medizinischen, polizeilichen und anderen Bereichen beratend tätig sind, entbindet nicht die verantwortlich Handelnden von ihrer Verpflichtung, selbst die nötigen Entscheidungen nach bestem Wissen und Gewissen zu treffen und zu rechtfertigen.

Die Psychologie wurde, ausgehend von den antiken griechischen Philosophen, über die Jahrhunderte hinweg zunächst als erkenntnistheoretisches Thema behandelt. Dann vereinnahmte die christliche Kirche den Begriff Psyche in der Übersetzung „Seele" und machte ihn zum Bestandteil ihres religiösen Welt- und Menschenbildes. Erst mit dem Nachlassen der mittelalterlichen, strengen Macht der Kirche und dem damit verbundenen Aufstieg der Naturwissenschaften wurde die „Seele" wieder erforschbar und schließlich experimenteller empirischer Untersuchung zugänglich. Dieser Forschungsbereich bediente sich zunehmend allgemeingültiger wissenschaftlicher Methodik und wurde so zu einer Wissenschaft vom Verhalten und Erleben.

Die Hochschulen griffen einzelne Fachgebiete auf und entwickelten einen akademischen Standard für Lehre und Forschung im Fach Psychologie. Inzwischen gibt es einen weitgehenden Konsens darüber, was an Grundlagen und Anwendungsgebieten gelehrt wird, womit der Gegenstand der Psychologie heutzutage durch die Hochschulausbildung definiert wird.

So wichtig es ist, den Gegenstand einer Wissenschaft zu definieren, so einengend ist dieses Unterfangen, denn es heißt auch, ihn abzugrenzen von anderen Wissenschaften. Schließlich gibt es doch eine oft erklärte Übereinstimmung darüber, dass sich jede Wissenschaft zum ausgedehnten „Blick über den eigenen Tellerrand" aufraffen möge. Von Interdisziplinarität ist die Rede und von Multiprofessionalität. Wie sollen sich da insbesondere die Sozialwissenschaften voneinander abgrenzen? Aber auch die Physiker oder die Chemiker wollen sich nicht mehr festlegen lassen auf eine allzu enge Auslegung ihres wissenschaftlichen Gegenstands: Neuro-Physik oder Bio-Chemie sind nur zwei Beispiele dafür. Um diesem Definitions-Dilemma zu entgehen, wird gelegentlich lapidar definiert:

Physik ist, was Physiker machen.
Pädagogik ist, was Pädagogen machen.
Psychologie ist, was Psychologen machen.

Eigentlich würde man nicht erwarten, dass ein Psychologe macht, was man eigentlich von einem Physiker erwartet. Allerdings erwartet man oft von einem Psychologen, dass er auch Pädagoge und – vor allem: Diplomat - sei und umgekehrt. Bei Schustern und Bäckern fällt die Bestimmung ihrer Arbeit erheblich leichter. Bei den klassischen akademischen Berufen wie Lehrer, Arzt, Pastor oder Jurist ist die prinzipielle Aufgabenverteilung ebenfalls noch gut nachvollziehbar. Aber bei der Psychologie? Geht es da immer noch um die religiöse Seele, das innere Selbst, um allgemeine Menschenkenntnis oder um Hirnforschung? Wissenschaftliche Psychologie beschäftigt sich in der Tat mit sämtlichen Fragen menschlichen Verhaltens.

Während Werner Traxel (1968) noch um eine Eingrenzung des Gegenstands wissenschaftlicher Psychologie rang, sind sich die Autoren der Gegenwart bereits überwiegend einig geworden. Ihr Fazit könnte man mit Zimbardo (2004) so zusammenfassen:

Die akademisch-wissenschaftliche Psychologie definiert sich selbst als eine Wissenschaft vom Verhalten, Erleben und dem Bewusstsein. Sie will das allgemein bekannte normale und nicht normale Verhalten systematisch untersuchen, beschreiben und erklären und auf mögliche Gesetzmäßigkeiten hin überprüfen. Darüber hinaus ließe sich der Gegenstand der Psychologie noch ergänzen um die äußeren und inneren Entwicklungsbedingungen des Menschen und um deren Vorhersagbarkeit.

Oft muss man als Psychologe darauf hinweisen, dass „erklären" im Sinne von „verstehen" nicht „akzeptieren" heißt. Wenn sich irgendwo in der Welt ein Selbstmordattentäter mit vielen weiteren Opfern in die Luft sprengt oder ein Amokläufer möglichst viele Menschen in den Tod reißt, titelt manche Boulevard-Presse: ein Rätsel! Warum nur?! Völlig unverständlich! Dabei handelt es sich in der Regel um einen so genannten „erweiterten Suizid", der sich auch ohne Studium leicht erklären lässt. Dann werden aber Psychologen grundsätzlich verdächtigt, mit den Tätern gemeinsame Sache zu machen und sich mit ihnen zu solidarisieren. Aber erklären heißt eben nicht akzeptieren. Eine Solidarisierung ist eher die Sache von Pädagogen oder eines Rechtsanwalts.

Die akademische Psychologie wird wie andere Studienfächer auch in Teildisziplinen eingeteilt: Grundlagenfächer und Anwendungsgebiete der beruflichen Praxis (zum Beispiel Entwicklungspsychologie, klinische Psychologie, forensische Psychologie, Wirtschaftspsychologie).

Die heute einigermaßen einheitliche Benennung der methodisch-wissenschaftlichen sowie der konkret anwendungsbezogenen berufspraktischen Teildisziplinen spricht meist für sich selbst. So steht Sozialpsychologie für die Beschäftigung mit dem Menschen in der Gruppe, Persönlichkeitspsychologie für die Suche nach allgemeinen und speziellen Eigenschaften eines Individuums. Forensische Psychologie steht für justizbezogene Fragestellungen wie etwa der Beurteilung der Zeugenglaubwürdigkeit oder eines Täterprofils.

Ein großer Teil der Psychologiestudenten wendet sich während des Studiums (Master) der Klinischen Psychologie zu. Dahinter verbergen sich der Bereich Psychodiagnostik (Testdiagnostik) und verschiedene Krankheitsmodelle. Hier gibt es allerdings wieder sprachliche und inhaltliche Verwechselungsmöglichkeiten. Zum Vergleich: ein Gymnasium in deutschsprachigen Ländern ist eine weiterführende Schule, in anderen Ländern eine Turnhalle (griechisch: den nackten Körper ertüchtigen). In deutschsprachigen Ländern ist eine Klinik ein Krankenhaus, in englischsprachigen Ländern ist eine „Clinic" eine meist private therapeutische Praxis. Der internationale (= englische) Begriff „clinical" steht also ganz allgemein für Behandlung und Therapie unabhängig davon, wo sie ausgeübt wird: das kann ambulant in Beratungsstellen und Praxen oder stationär in Kliniken oder anderen Einrichtungen sein.

Der inzwischen unübliche Begriff „Klinischer Psychologe" bedeutet also in diesem Selbstverständnis nicht Psychologie im Krankenhaus, sondern wissenschaftliche und praktische Beschäftigung mit der Entstehung und Behandlung psychischer Krankheiten unabhängig von Institutionen. Diese Tätigkeit kann in oder außerhalb einer Klinik stattfinden: ambulant oder stationär. Der früher gebräuchliche Zusatz „Klinischer Psychologe" bezeichnete einen Psychologen mit Diplom und einer psychotherapeutischen Zusatzausbildung. Inzwischen gibt es dafür die gesetzlich geregelte Bezeichnung „Psychologischer Psychotherapeut" in Unterscheidung zum Ärztlichen Psychotherapeuten.

1.4. Aspekte der Wahrnehmung

Nun sollten wir uns bei dieser Gelegenheit noch einmal vergegenwärtigen, wie es um unsere Sinnesorgane bestellt ist. Die Evolution hat uns ausgestattet mit mindestens fünf Sinnen, die zunächst dem schieren Überleben dienen. Als wir Menschen noch Beute für Raubtiere waren und auch nach der Erfindung des Feuers, als allmählich alle anderen Tiere zu unserer Beute wurden, mussten wir uns in beiden Fällen auf unsere Wahrnehmung und deren korrekter Interpretation verlassen können: gefährlich - ungefährlich, essbar - nicht essbar.

Mit dem Aufkommen der Nachrichtentechnik und der so genannten Kybernetik (griechisch: "Steuermann", Wissenschaft von der Struktur komplexer Systeme, Regelkreise und deren Steuerung) sind Methoden entwickelt worden, mit deren Hilfe die Leistungsfähigkeit unserer Wahrnehmungsorgane im Vergleich miteinander untersucht werden sollten. So hat Karl Steinbuch (1917-2005) versucht, die Informationskapazitäten und damit die Mächtigkeit – nicht die Wichtigkeit - der einzelnen Sinne zu schätzen. Solche Untersuchungen legen nahe, dass die dem Menschen zur Verfügung stehenden Nervenzellen und deren Verbindungen untereinander dem optischen Sinn einen ersten Rang mit weit überdeutlichem Vorsprung einräumen, dem Tastsinn den zweiten, dem akustischen Sinn den dritten Rang. Erst danach folgen die Nase und zuletzt die Zunge, wenn man es bei dieser Einteilung der Sinnesorgane belässt. Das „Riechhirn" war bei den entwicklungsgeschichtlichen Vorfahren des Menschen einmal der größte Bereich des Gehirns. Diese Verhältnisse haben sich inzwischen deutlich zugunsten des menschlichen Großhirns verschoben. Dennoch beurteilt man andere Personen in vielen Sprachen nach dem Geruch und kann sie entweder tatsächlich oder auch nur sprachlich gut oder gar nicht riechen. Die Parfümindustrie lebt von dieser Tatsache.

Der Mensch stützt sich also in erster Linie auf seine optischen Fähigkeiten (Lichtgeschwindigkeit!): ein Bild sagt mehr als tausend Worte. Aus dem täglichen Umgang mit Computern wissen wir, dass Bildmaterial viel größere Einheiten an Massenspeicherplatz verschlingt als gewöhnliche Texte. Dieser Vergleich könnte nun zu der Hypothese führen, dass Menschen im Verlauf ihrer Evolution immer mehr Bilder speichern mussten, um als wenig spezialisierte Art in einer feindlichen Umwelt überleben zu können. Eine solche Hypothese klingt vielleicht plausibel, lässt sich aber im Experiment kaum nachprüfen.

Wenn nun ein Mensch schlecht sehen kann, werden seine optischen Kapazitäten zwar nicht vergrößert, aber seine anderen Sinneskapazitäten werden konzentrierter ausgeschöpft. Diese Sinnesorgane nehmen einzeln und insgesamt unglaublich viele Informationen pro Sekunde auf, die dann sofort verarbeitet werden müssen. Unser Gehirn mit seinen wahrscheinlich 100 Milliarden Nervenzellen und den dazu gehörigen Verbindungen entscheidet offenbar blitzartig und simultan, welche dieser Informationen zur Zeit wichtig oder unwichtig sind: Fehlentscheidungen dürften an der Tagesordnung sein.

Man muss also die Wahrnehmungen, die wir stets und ständig aufnehmen, bewusst beurteilen und möglichst eindeutig zuordnen. Diese erste Beurteilung ist demnach ein Vorurteil im Sinne eines Erst-Urteils, und wir können noch nicht einmal etwas dagegen tun, wollen wir uns nicht in Gefahr bringen. Die Forderung oder gar die Behauptung, man sei vorurteilsfrei, ist also genau genommen nicht zu halten. Berechtigt ist allerdings die Forderung, sich seiner eigenen Vor-Urteile und Vorurteile bewusst zu werden: nur dann können sie – wenn nötig – korrigiert werden.

Wenn man sich daran erinnert, wie kompliziert das Radfahren und später das Autofahren mit Schaltgetriebe zu erlernen war, wundert man sich später darüber, dass diese schließlich unbewusst ausgeübte Fähigkeit nur selten verloren geht. Solange wir alle einzelnen uns empfohlenen oder abverlangten Abläufe bewusst umzusetzen versuchten, fielen wir prompt vom Rad und unser Fahrstil im Auto war nicht gerade für den fließenden Verkehr geeignet. Sobald wir aber die meisten Abläufe und die ständig neuen Informationen unbewusst zusammenführen und verarbeiten konnten, kutschierten wir freihändig und elegant dahin und konnten uns im Auto auch noch mit dem Beifahrer unterhalten oder uns auf die Nachrichten im Radio konzentrieren.

Allerdings kommt es bei solchem unbewussten komplexen Verhalten wie Autofahren dann auch schon einmal vor, dass wir von einem Gedankengang aufschrecken, der uns sekundenlang gefährlich abgelenkt hat und wir uns fragen, wo wir eigentlich gerade sind. Bei fast allen komplexen Routineabläufen kommt es zu solcher unbewussten Verarbeitung von Wahrnehmungen. Sobald man bewusst anfängt zu denken, klappt es oft nicht mehr. Denken Sie sich nur ein gut eingespieltes Team von Chirurgen – nein, denken Sie das lieber nicht.

Die Beurteilung von Dingen, die wir wahrnehmen, erfordert also schnell verfügbare und möglichst trennscharfe Kategorien wie gefährlich / ungefährlich oder möglich / unmöglich, d. h. also gedankliche Schubladen, in welche wir diese Wahrnehmungen einordnen können. Solche gedanklichen Schubladen und ganze Schubladensysteme haben wir Menschen im Laufe unserer Entwicklung erfunden und immer weiterentwickelt. Dazu gehört auch die Sprache: sie ist nichts anderes als ein System von Begriffen, mit Hilfe dessen wir äußere und innere Gegebenheiten ordnen.

Wir können wohl spekulieren, dass bereits Adam und Eva nach ihrer Erschaffung sofort damit begonnen haben, alles um sich herum zu benennen, damit sie Ordnung hatten im Paradies. Das hat zwar leider den Sündenfall und die Vertreibung nicht verhindern können, aber es ist schon einmal ein Anfang von Kategorienbildung gewesen. Und ihre Kinder haben sie dieser Ordnung nach ebenfalls gleich mit Namen benannt, weil man sie sonst nicht hätte einzeln zur Ordnung rufen können. Ob wir nun also Gedanken oder unsere Umgebung aufräumen oder das Spielzeug unserer Kinder: man kann eben nicht aufräumen ohne Schubladen.

Von Generation zu Generation geben wir unser Wissen weiter an unsere Kinder. Dieses Wissen besteht in Zuordnungskategorien; was nicht zugeordnet werden kann, muss neu interpretiert und dann in die bestmögliche Kategorie einsortiert werden. Ein

Kleinkind sieht eine Katze, und weil die sprachliche Kategorie "Katze " zu schwierig auszusprechen ist, bieten Eltern dem Kind die Kategorie „miau" an. Etwas später begegnet dieses Kind einem Hund, und es ordnet jetzt diesen Gegenstand mit vier Beinen und einem Schwanz in die vorhandene Kategorie ein und sagt begeistert „miau". Hier greifen Eltern milde lächelnd ein und erklären und verfeinern jetzt diese Kategorien um den Aspekt des Geräusches, das dieser Gegenstand von sich gibt: „wauwau". Das Kind lernt ohne Mühe die Differenzierungen dieser Kategorien und sieht allerdings nicht viel später eine Kuh auf der Wiese und versucht es jetzt erst einmal mit der Einordnung „wauwau". Selbstverständlich erfüllen Eltern jetzt wieder ihren Erziehungsauftrag und helfen bei der erneuten Kategorienbildung, indem sie einen Geräuschaspekt hinzufügen und dann fragen: „wie macht die Kuh?" Richtig.

Und so lernen Kinder bereits in den ersten drei Lebensjahren eine unglaubliche Fülle von begrifflichen Einordnungsaspekten und Zuordnungsmöglichkeiten, die wir getrost als Schubladen bezeichnen können. Ohne solche Schubladen geht nichts; bestimmte psychische Krankheiten erkennt man übrigens genau daran, dass sowohl die Kategorien der Wahrnehmung als auch die Kategorien der sprachlichen Zuordnung nicht mehr im Sinne der allgemeinen Verständlichkeit funktionieren.

Wir leben auch beruflich mit und von begrifflichen Schubladensystemen. Ob das nun diagnostische Systeme im medizinischen, im juristischen, im kaufmännischen oder im handwerklichen Bereich sind, immer geht es um den Versuch, die Angelegenheiten möglichst schnell, zutreffend und fehlerlos einzuordnen und zu bearbeiten. So auch im Feld der Erziehung.

Oft gibt es aber Meinungsverschiedenheiten zum Thema „Schubladendenken". Viele wehren sich vehement dagegen, dass ein Verhalten oder gleich die ganze Person schon im ersten Augenblick einer Begegnung sofort in Schubladen einsortiert wird. Man will ja nicht vorschnell und schon gar nicht falsch beurteilt werden, ohne dass man eine Chance hätte, diese Beurteilung zu seinen eigenen Gunsten beeinflussen zu können. Man ist auch deshalb gegen Vorurteile, weil die Gefahr, von solchen Vorurteilen und auch Vorverurteilungen wieder loszukommen, nie auszuschließen ist (Stigmatisierung). Also beschließt man kurzerhand, erst gar keine Vorurteile zu haben. Wahrscheinlich rührt auch der gelegentlich anzutreffende Pädagogen-Katechismus aus dieser Sorge:

Du sollst nicht interpretieren
Du sollst nicht diagnostizieren
Du sollst nicht bewerten
Du sollst nicht urteilen

Heißt das etwa: Du sollst nicht denken?

Das Gehirn hält sich aber nicht an solche moralischen Verbote. Man könnte ebenso gleich das Denken aufgeben. Denn wozu ist das Denken denn gut? Natürlich zum Interpretieren von Wahrnehmungen, zum Diagnostizieren ihrer Nützlichkeit und zum Bewerten und Ordnen.

Man stelle sich einmal tatsächlich einen Schrank mit Schubladen vor. Da gibt es wahrscheinlich Menschen, die nur über zwei Schubladen verfügen: schwarz oder weiß, gut oder böse. Wer über so wenige Kategorien verfügt, kann sich natürlich kein sonderlich differenziertes Urteil bilden. Differenzierung heißt nämlich Feinunterteilung, so dass man noch genauer und erfolgreicher auf Wahrgenommenes reagieren kann. Aus diesem Grund ist es also sinnvoll für möglichst viele Schubladen zu plädieren, große und kleine, vielleicht so ähnlich wie bei einem alten Apothekerschrank: je mehr Schubladen man hat, desto besser kann man aufräumen. Und vor allem: man findet seine Sachen auch schnell wieder. Und wenn diese Schubladen dann auch noch ordentlich beschriftet sind, sind oft die Übersicht und die Freude darüber beinahe grenzenlos.

Nun gibt es allerdings, um in diesem Bild zu bleiben, auch die Möglichkeit, die eigenen Schubladen mit einem großen Vorhängeschloss zu versehen oder sie einzeln abzuschließen. Das macht aber eigentlich nur Sinn, wenn man darin Schätze verschließen will. Allerdings kann man diese Schätze dann auch nicht ohne weiteres und jederzeit zeigen oder nutzen. Natürlich macht es auch Sinn, solche Schubladen abzuschließen, in denen Schmerzliches und Peinliches verborgen werden soll. Schwierig wird es in jedem dieser Fälle insbesondere dann, wenn der Schlüssel verloren gegangen ist oder wenn der Schlüssel womöglich leichtfertig weggeworfen wurde. Dann hilft meist nur noch ein teurer Nachschlüssel vom Spezialisten.

Wenn es also dazu kommt, dass jemand seine eigenen Schubladen abschließt und sie womöglich auch noch kreuz und quer mit Brettern zunagelt, dann haben wir jenen beklagenswerten Zustand, den wir mit dem Satz " ich bin gegen Schubladendenken " eigentlich meinen. Hier wie in anderen Bereichen des Lebens geht es darum, einen vernünftigen Mittelweg zu finden. Keine Schubladen im Kopf zu haben, ist unmöglich. Desgleichen ist es auch unmöglich, keine Vor-Urteile zu haben. Dafür funktionieren die Wahrnehmung, ihre Interpretation und die Ablage in unsere Kategoriensysteme viel zu schnell. Zu fordern ist allerdings, dass die Inhalte von Schubladen hin und wieder, regelmäßig oder auf Anfrage besichtigt und überprüft werden. Diese Forderung ist berechtigt, setzt aber nach wie vor die Bereitschaft der Schubladenbesitzer voraus, sich in Frage stellen zu lassen. Also keine Schlösser, keine Bretter, sondern stattdessen Schmiermittel und am besten die Schubladen leicht oder gar halb geöffnet lassen.

Natürlich haben die meisten Menschen den Anspruch an sich selbst und an andere, ständig und möglichst bewusst richtige Entscheidungen zu treffen. Fehler sollen vermieden werden, um anderen und sich selbst gerecht zu werden. Kategorisierung in Schubladen und Diagnosen erfordert Mut zur Entscheidung. Da aber Fehlentscheidungen meist sofort oder später bestraft werden, versuchen manche Menschen erst gar keine Diagnosen zu stellen um so vor Fehlentscheidungen und Sanktionen geschützt zu sein. Allerdings ist eine Nicht-Entscheidung auch eine Entscheidung.

2. Psychologie und antike Philosophie

Der griechische Begriff „Psyche"(Seele) ist alt, aber den Begriff „Psychologie" gibt es erst, seit ihn Philipp Melanchton (1497-1560) zusammengefügt hat (Lehre von der Seele). Erst Rodolph Goclenius (1547-1628) hat 1590 ein Buch mit dem Titel „Psychologie" versehen (Traxel 1964). Die Psychologie als Wissenschaft wird erst viel später mit dem Jahr 1879 verbunden, als Wilhelm Wundt in Leipzig das erste Institut für experimentelle Psychologie gründete und damit die Psychologie in den Rang einer eigenständigen Wissenschaft hob. Davor war die Beschäftigung mit der menschlichen Seele der christlichen Theologie vorbehalten, so wie auch alle anderen Wissenschaften über die Jahrhunderte hinweg dem kritischen Blick der Institution Kirche standhalten und im Zweifel ihre Erkenntnisse widerrufen mussten.

Erst mit der Emanzipation der Wissenschaften vom Einfluss der Kirche konnte auch das menschliche Verhalten getrennt von Religion und Kirchendogmen untersucht werden. Während die christliche Theologie noch damit beschäftigt war, die Evolutionstheorie von Charles Darwin (1809-1882) heftig zu bekämpfen, wonach - verkürzt ausgedrückt - der Mensch nicht nach der biblischen Schöpfungsgeschichte, sondern nach dem Affen entstanden sei, entwickelten sich bereits verschiedene Versuche, die Seele des Menschen nach weltlichen Gesichtspunkten zu analysieren. Auch dies stieß auf entsprechend großen Widerstand. Immer noch überlassen deshalb die meisten Psychologen den Begriff „Seele" den Priestern und betonen, dass sie am konkreten menschlichen Verhalten interessiert sind und nicht in spirituelle Angelegenheiten eingreifen wollen. Längst gibt es allerdings eine „Pastoralpsychologie", welche sich psychologische Methoden zunutze macht.

Im Zusammenhang mit „seelischen" Erkrankungen hat sich der ursprünglich aus Deutschland stammende Leib-Seele-Begriff „Psychosomatik" jetzt durch die Weltgesundheitsorganisation WHO als das „Bio-Psycho-Soziale Modell" etabliert. So versucht man den umgangssprachlichen Gleichsetzungen und Diskussionen wie „Wissenschaft von der Seele", „Seelendoktor" oder gar „Seelenklempner" - beides für Psychotherapie - aus dem Wege zu gehen.

Die Frage, wie man sich Zugang verschaffen kann zur Beobachtung und Erklärung der verschiedenen Phänomene in der uns umgebenden Natur führt stets in die antiken Wissenschaftstheorien zurück, auf die man sich in der so genannten westlichen Welt immer wieder bezieht. Die zwei berühmtesten und wahrscheinlich wichtigsten Vertreter altgriechischer Denkschulen in Athen waren Platon (427 bis 347 v. Chr.) und einer seiner Schüler, Aristoteles (384 – 322 vor Chr.).

Der adelige Platon war seinerseits ein Schüler des Sokrates (469-399 v. Chr.), der wegen „Gottlosigkeit und verderblichen Einflusses auf die Jugend" durch Vergiften (Schierlingsbecher) hingerichtet wurde. Darüber empört verließ Platon die Stadt, kam aber zurück und gründete 387 eine Akademie, die sich bis 529 n. Chr. erhalten hat. Er interessierte sich besonders für Themen wie Staat und Gesellschaft und versuchte, seine Lehren mit Hilfe damaliger Herrscher konkret umzusetzen, was ihm aber nicht gelang. Er entwickelte eine so genannte „Ideenlehre", wonach es in der Welt Dinge (Ideen) gibt, die tatsächlich wahrnehmbar, erfahrbar und beobachtbar sind (Physik) und solche, die nicht mit menschlichen Sinnesorganen wahrnehmbar sind (Metaphysik). Seine bevorzugte Methode war die „Dialektik", wobei zwei Gesprächspartner im Dialog eine Logik und ein Ergebnis zu einem Diskussionsgegenstand entwickelten.

Aristoteles (384 – 322 vor Chr.) studierte 20 Jahre lang bei Platon in Athen, konnte aber nach dessen Tod im Jahre 347 aufgrund seiner Herkunft und Abstammung die Akademie nicht übernehmen. Er verließ Athen und war unter anderem auch Privatlehrer von Alexander dem Großen (343 bis 336 v. Chr.). Im Jahre 335 v. Chr. gründete er dann in Athen eine eigene Akademie und vertrat dort eine Denkweise, die wir vor allem mit „Empirik" (Erfahrung) verbinden. Seine Philosophie war, dass jede Wahrnehmung und jede Erklärung von Angelegenheiten immer auch tatsächlich nachprüfbar, zählbar und messbar sein müsse. Sein Gedankengut und das seiner Nachfolger hielt sich bis ins Mittelalter, bis es dann schließlich unter den Dogmen der christlichen Kirche unterzugehen drohte – deshalb „finsteres" Mittelalter. Jedoch keimte es um 1600 wieder auf durch Philosophen wie dem Engländer Francis Bacon (1561-1626, Empirismus: Orientierung an der Wirklichkeit) oder dem Franzosen René Descartes (1596-1650, Rationalismus: Orientierung an der Vernunft). Diese beiden Strömungen mündeten in der Folge in eine Vielfalt von philosophischen Disputen und Auslegungen. Sehr viel später haben Gelehrte wie der Österreicher, in England geadelte Karl Popper (1902-1994), einen wissenschaftstheoretischen Standard geschaffen, der heute weit verbreitet ist und weiterentwickelt wurde.

Sowohl die Philosophie des Platon wie auch die des Aristoteles blieben Grundlage des europäischen Wissenschaftsverständnisses. Beide sind auch heute noch Bestandteil von grundlegenden geisteswissenschaftlichen Fragestellungen und immer wieder Anlass zum Streit der grundsätzlichen philosophischen Schulen untereinander.

Als methodisches Gegenstück zur heute in den Naturwissenschaften meist angestrebten Empirik ist die Hermeneutik zu sehen. Dies ist ein Erkenntnisverfahren, welches sich eher auf Quellenstudium und dessen Interpretation bezieht als auf experimentell veränderbare und konkret beobachtbare Fragestellungen. Meist geht es dabei um Erkenntnisphilosophie, also etwa um Fragen nach dem Verhältnis von Leib zu Seele oder um die Existenz des Menschen überhaupt, also um Themen, die sich der Empirie weitgehend entziehen und deshalb methodisch anders untersucht werden müssen. Die hermeneutische Herangehensweise findet sich überwiegend in juristischen, theologischen, soziologischen, psychotherapeutischen oder pädagogischen Fragestellungen. Wilhelm Dilthey (1833 - 1911) hat dazu eine Unterscheidung in „verstehend" (Hermeneutik) und „erklärend" (Empirik) angeregt.

Viele Philosophen haben sich mit der Analyse der Psyche beschäftigt und bedeutsame Modelle entwickelt. Die „Psychoanalyse" des österreichischen Arztes Sigmund Freud (1856-1939) wurde zur größten Schule dieser Art, ja sogar zu einer geisteswissenschaftlichen Bewegung, weil sie anhand eines umfassenden Modells viele, wenn nicht gar alle menschlichen Verhaltensweisen zumindest im Groben einzuordnen suchte. Diese Modelle und viele der alten Freud'schen Begrifflichkeiten („Tiefenpsychologie") sind längst in die deutsche Alltagssprache eingesickert und bereits modernisiert; sie werden aber dadurch ebenfalls der definitorischen Unschärfe ausgesetzt. Karikaturisten haben jedenfalls ihre Freude daran.

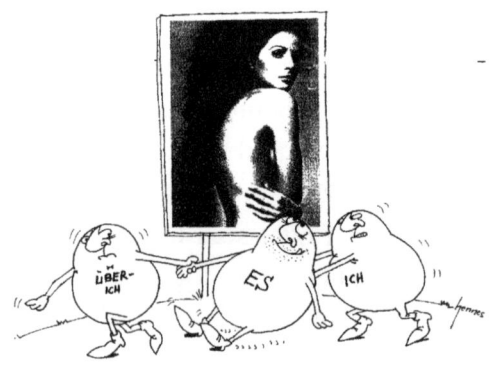

Das Es

aus: Die Drillinge des Sigmund Freud. Hans Biedermann, 1993

52

Weitere Beispiele für philosophische und soziologische deutsche Denkschulen im 20. Jahrhundert sind Ludwig Binswanger (1881-1966, „Daseinsanalyse"), Edmund Husserl (1859-1938, „Phänomenologie").

Wenn nun an irgendeiner Hochschule ein Professor oder ein Forschungsteam bedeutsame Theorien, Methoden und möglicherweise auch schon Ergebnisse gefunden hat und durch entsprechende Veröffentlichungen in Zeitschriften, Büchern und vor allem auf Kongressen eine weithin beachtete Lehrmeinung vertreten wird, so sprechen die jeweils anderen von einer Denkschule oder nur von einer „Schule". Solche „Schulenbildung" gibt es in jeder Wissenschaft, insbesondere in den hermeneutischen Bereichen der Forschung. Wissenschaft findet ja meist in einem Konkurrenzzustand statt: jeder will der Erste und der Beste sein; und die Qualität von Hochschullehrern wird unter anderem an der Zahl ihrer Veröffentlichungen gemessen.

Weil dann der wissenschaftliche Nachwuchs, also die Assistenten, oft in dieselben Fußstapfen tritt und die vorhandenen Forschungsansätze weiterentwickelt, gibt es eine über Jahre oder sogar Jahrzehnte anhaltende Lehrmeinung. So hat z. B. Werner Traxel in Kiel in den 60-er Jahren eine Lehrmeinung zum Gegenstand und zur Methodik der Psychologie entwickelt und vertreten, die sich bis in die zweite und dritte Generation seiner Schülerschaft behaupten konnte. Ein anderer Kieler Psychologe, Hermann Wegener (1922-2003), erlangte große Anerkennung sowohl im Bereich der Forensischen Psychologie als auch im Bereich Pädagogische Psychologie und schuf damit ebenfalls eine Denkschule.

Diese Schulen der Psychologie sind also bestimmte wissenschaftstheoretische Herangehensweisen und Traditionen. Es geht um die Frage, mit welchen Theorien und Methoden man den vorhandenen Fragestellungen am besten beikommen kann. Berühmte Schulmeinungen wurden allerdings eher von Soziologen, Politologen oder Ärzten begründet, zumal sich in der „Gründerzeit" dieser Schulen der Berufstand des Psychologen noch gar nicht etabliert hatte. So ist etwa die „Frankfurter Schule" mit Jürgen Habermas (Soziologe, geb. 1929), Theodor Adorno (Soziologe,1903-1969) oder Alexander Mitscherlich (Psychosomatische Medizin, 1908-1982) oft als psychologische Schule dargestellt worden, wohl weil sich ihre Vertreter intensiv mit der Psychoanalyse beschäftigt haben. Diese Denkschule war natürlich auch für die Psychologie bedeutsam, weil sie im Nachkriegsdeutschland neue Denkweisen wagte und schließlich auch als Argumentationsbasis während der berühmt-berüchtigten 68-Jahre gebraucht und oft auch missbraucht wurde. Man darf nicht vergessen, dass die heutigen Professoren und Lehrbuchautoren die Schüler eben dieser Schulmeinung waren und inzwischen an Generationen von Studierenden diese Meinung weitergegeben haben: meistens gut reflektiert und weiterentwickelt, manchmal aber noch ganz im Sinn und Stil der oft verklärten alten Zeit.

Diese zuletzt erwähnten Schulen waren und sind - parallel zur Aufarbeitung durch Historiker - sehr stark mit der Erklärung der deutschen Geschichte beschäftigt. Besonders in der Soziologie und der Pädagogik, aber auch in der Psychologie wird stets Bezug genommen auf die Auswüchse der Nazi-Herrschaft und es wird mit Argusaugen darüber gewacht, dass die während der 68-er Zeit gewonnenen Einsichten über das Dritte Reich nicht verloren gehen. Allerdings hat dieser Blickwinkel die bereits geschändete nationale Identität oft noch zusätzlich belastet und immer noch werden die zunächst zaghaften schwarz-rot-goldenen Fahnenmeere zur deutschen Wiedervereinigung 1989 und viel später die fröhlichen Flaggen während der Fußballweltmeisterschaft 2006 mit Argwohn oder mit Spott beobachtet. So ist offenbar auch noch heute der Begriff Heimat belastet.

Aber auch Denker aus früheren Jahrhunderten mit ihren oft frauenfeindlichen und anderweitig diskriminierenden Aussagen werden als abschreckende Beispiele bearbeitet und kritisiert. Natürlich sind alle diese Beispiele innerhalb eines Gesellschafts- und wissenschaftsverständnisses entstanden, das den heutigen Voraussetzungen, wissenschaftlichen Ansprüchen und Bedingungen in keiner Weise standhalten würde. Aber man kann daran gut zeigen, wie stark eine Wissenschaft vom Zeitgeist und den zur Verfügung stehenden Methoden abhängig ist und wissenschaftliche Erkenntnisse nie unabhängig vom Betrachter und seiner Zeit sind.

Die meist untereinander konkurrierenden Denkschulen wurden zur besseren Zuordnung und Unterscheidung mit begrifflichen Kategorien belegt, inzwischen auch weitgehend aus der englischen und amerikanischen Tradition übernommen. Diese Begriffe wurden ihrerseits wiederum weiter aufgefächert, so dass am Ende nur noch wirklich Eingeweihte die oft eher feinen Unterschiede kannten. Das ist nicht verwunderlich und durchaus im Sinne einer lebhaften und wichtigen wissenschaftlichen Kontroverse auch erwünscht. Allerdings mögen sich Außenstehende bei diesen feinen Unterscheidungen an die respektlose und in einigen europäischen Ländern zunächst verbotene Darstellung der altjüdischen Glaubens-Schulen in dem Kultfilm „Das Leben des Brian" von Monty Python (1979) erinnert fühlen.

Die ersten empirisch-wissenschaftlich orientierten Psychologen wie die der Leipziger Schule (begründet durch den Arzt und Physiologen Wilhelm Wundt, 1832-1920) haben weitere Differenzierungen hervorgebracht: so auch die Berliner Schule der „Gestalttheorie" (Kurt Lewin, Arzt und Psychologe, 1890-1947, später „Gestaltpsychologie"). Diese Schule ging von einer Theorie der Wahrnehmung aus, welcher die Annahme einer dem Menschen innewohnenden Suche nach der stets „guten Gestalt" zugrunde liegt.

Da viele psychotherapeutische Schulen von Personen jüdischen Glaubens entwickelt wurden, mussten diese ab 1933 ins Ausland fliehen, meist in die USA, wo sie ihre Theorien weiterentwickeln konnten. Erst 20 Jahre nach Ende des „Dritten Reichs" und der Naziherrschaft wurde dieses Gedankengut allmählich wieder nach Deutschland zurück importiert. Dies gilt insbesondere für die „Psychoanalyse". Freud hatte im Rahmen seiner Psychoanalyse ein von ihm so genanntes „topographisches Modell" (das Bewusste, das Vorbewusste, das Unterbewusste) entwickelt, ein „Instanzenmodell" (das Ich umgeben vom kontrollierenden Über-Ich und dem triebhaft fordernden Es) und ein „Phasenmodell der psychosexuellen Entwicklung". (orale, anale, phallisch/ödipale Phase gefolgt von einer Latenzphase und schließlich einer genitalen Phase).

Aus den Denkschulen der Psychologie entwickelten sich auch andere Formen der Psychotherapie (Verhaltenstherapie, Humanistische Therapie, Systemische Therapie, Kognitive Therapie, etc.). Empirisch arbeitende Psychologen setzten sich dann damit auseinander mit Fragen wie der Wirksamkeit von Psychotherapie überhaupt, mit der genauen Wirkungsweise von therapeutischen Interventionen und damit der wissenschaftlichen Anerkennung. Diese Fragestellungen sind bisher nicht geklärt; sie werden die entsprechenden Wissenschaften wohl noch lange beschäftigen. Allerdings war Eile geboten in der Frage, wer eigentlich wie gesetzlich anerkannter Psychotherapeut werden kann (Ärzte, Psychologen, Pädagogen) und welche Arten von Psychotherapie von deutschen Krankenkassen bezahlt werden.

Es gibt Fragestellungen, die von der Psychologie oder der Psychotherapie selbst gestellt werden sowie solche, die von der Gesellschaft und ihren Einrichtungen oder von konkreten Interessengruppen in Auftrag gegeben werden. Oft muss dann erst einmal geklärt werden, warum etwas überhaupt untersucht werden soll. Manche Fragestellungen dienen pädagogischen wie auch politischen Zwecken: sind Menschen mit schwarzer Hautfarbe klüger als solche mit weißer Hautfarbe. Oder im vorigen Jahrhundert: soll man Mädchen beschulen und wenn ja, zusammen mit Jungen? Solche Fragen fordern - wie in anderen Wissenschaftsbereichen - das Verantwortungsbewusstsein der heutigen Psychologie heraus. Deshalb müssen sich Psychologen per Unterschrift „berufsethischen Verpflichtungen" unterwerfen.

Manchmal gibt es noch gar keine Methode, mit der man eine an sich sinnvolle Frage untersuchen könnte: also muss zunächst eine Methode entwickelt werden. Aus diesem Grund legt die an den Hochschulen gelehrte Psychologie größten Wert auf eine grundlegende Ausbildung in wissenschaftlicher Methodik, weil die Qualität jeder psychologischen Fragestellung und Untersuchung auch an der Qualität ihrer methodischen Vorgehensweise gemessen wird.

Manchmal wird in diesem Zusammenhang gefragt, was wichtiger sei: Inhalt oder Form? Diese Fragestellung bringt nicht weiter, wenn man sich vergegenwärtigt, dass man zuerst einen Topf, eine Form benötigt, wenn man Suppe kochen will. Es ist nicht eine Frage der Wichtigkeit oder der Bedeutung, sondern eine Frage der Reihenfolge. Natürlich ist am

Ende des Prozesses die Suppe am Wichtigsten. Folgt man dieser Argumentation, so müssen erst begriffliche und methodische Rahmenbedingungen geschaffen werden, bevor konkrete Experimente oder Befragungen durchgeführt werden können.

Die Fragestellungen der Psychologie beziehen sich auf das gesamte menschliche Verhalten und Erleben. Auch das Verhalten von Tieren wird erforscht in der Hoffnung, von dort Rückschlüsse auf den Menschen ziehen zu können. So stützt sich z.b. das klassische sowie das operante Konditionieren ursprünglich auf Tierversuche.

3 Normalität, Kausalität Objektivität

3.1 Normalität

Was ist denn schon normal? Diese Frage wird oft aufgeworfen von Personen, die sich leidenschaftlich dagegen verwahren, selbst „nur normal" zu sein. Sie wollen erkennbar von der Norm abweichen, sich von der Masse absetzen und damit etwas Besonderes sein.

Manche politisch motivierten Kampagnen zur Entstigmatisierung behindern oft den klaren Sprachgebrauch: dabei tun sich oft selbst Fachleute schwer mit dem Begriff der Normalität. Gerade sie müssten aber eigentlich wissen, was Norm und was Normabweichung bedeutet. Und Verbände, die viel Geld für Werbekampagnen ausgeben mit Slogans wie „Wer ist schon normal?" oder „Nicht der Normabweichler ist abnorm, sondern die Gesellschaft". Sie wollen in bester Absicht für Respekt und Toleranz werben, nur sollten sie niemandem suggerieren, dass davon eine Normabweichung selbst aufgehoben wird.

Der Versuch, gegen die unangemessene Gleichsetzung von „normabweichend" und „krank" anzugehen, wird so wohl nicht gelindert, sondern an Stammtischen möglicherweise noch verschärft. Aus den USA übernehmen wir dann „politisch korrekte" Begriffe etwa aus dem Bereich der Behinderungen. Dort sprach man dann nicht mehr von „handicapped people", sondern von „challenged people" und dann von „Menschen mit besonderen Bedürfnissen". Falls dies nicht so ohne weiteres ins Deutsche übersetzt werden konnte, wurde beim Import dieser sprachlichen Verbesserung das englische Wort beibehalten und den vielen anderen Anglismen hinzufügt.

Man sollte zunächst zwei Arten von Normalität oder Normen unterscheiden:

1. die soziale Norm: das sind Übereinkünfte, Regeln, Richtwerte und

2. die statistische Norm: Zahlenwerte, Maßstäbe und Ordnungsgesichtspunkte

Die soziale oder auch moralische Norm wird bestimmt durch die gesellschaftlich entwickelte Ethik (Lehre von der Moral). Soziale Normen können weltweite (z.b. Du sollst nicht töten), regionale (z.b. Staaten und ihre Gesetze) oder Kleingruppen bezogene Gültigkeit haben (z.b. Familien, Jugendgruppen). Diese Erwartungs-Normen können sehr langlebig und überdauernd sein. In sozialen Umbrüchen und Krisen oder bei der Gruppenbildung können solche Normen allerdings zunächst sehr kurzlebig sein, bis sie sich als dauerhaft etablieren.

Eine soziale Norm bzw. ein solches Normgefüge bestimmt die Regeln des Zusammenlebens und beurteilt und bewertet Verhaltensweisen nach qualitativen Kriterien. Damit sichert sie den Bestand von Gesellschaften und Gruppen: Verstöße werden sanktioniert. Die soziale Norm ist ein Soll-Wert; sie ist identitätsstiftend durch Glaubenssätze, religiöse Gebote, Festlegung von Gut oder Böse, Verantwortung und Schuld, Gesetze und Sanktionen. Aber auch politische Programme, das Konzept der Demokratie oder der Menschenrechte: das alles sind gezielt entwickelte, menschengemachte Vorstellungen von sozialethischer Norm. Immanuel Kant (1724-1804) brachte dieses Thema auf eine Formel, den „kategorischen Imperativ": Handle stets so, dass die Maxime deines Willens jederzeit zugleich als Prinzip einer allgemeinen Gesetzgebung gelten könne (§ 7 Grundgesetz der reinen praktischen Vernunft).

Dahingegen ist die statistische Norm die empirisch gefundene quantitative Häufigkeitsverteilung eines Merkmals oder einer Verhaltensweise an einem bestimmten Zeitpunkt. Sie ist bezogen auf eine gezielt erfasste Bevölkerung oder eine möglichst repräsentative Stichprobe davon. Meistens werden die gefundenen Werte nicht als Zahlen, sondern der leichteren Erfassbarkeit wegen optisch vereinfacht als Fläche auf der Gauß'schen Glockenkurve oder Normalverteilung abgebildet (Carl Friedrich Gauß 1777-1855).

Als durchschnittlich und damit „normal" gelten ca. 68% der Fläche unter der Glockenkurve, ausgehend vom Mittelpunkt der Skala unter der Kurve. Der Rest ist „abweichend" oder unter- bzw. überdurchschnittlich. Dies ist zunächst ein Ist-Wert, ein be-schreibender Vorgang (deskriptive Statistik), der noch keine Beurteilung erfährt. Im Bild sind die so genannten Standardabweichungen (s) zu sehen, also die festgelegten Einheiten links und rechts der Mitte (M). Außerdem sind die dazu gehörigen Prozent-rangplätze dargestellt.

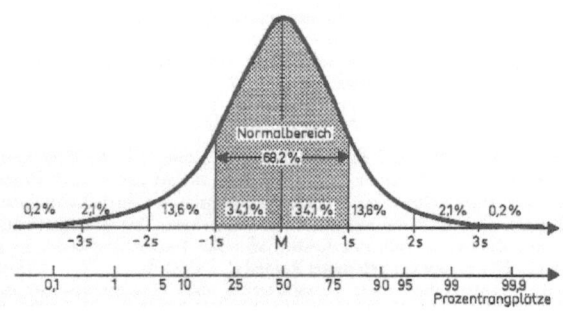

Normalverteilung

Statistische Normen dienen der Ordnung und der Kategorienbildung; sie bilden damit die Grundlage für Diagnostik und Förderung.

Wenn solche statistischen Werte erfasst werden, geht es natürlich oft nicht nur um die reine Wissen-schaft, also um grundsätzliche Fragestellungen wie: Wer weicht wovon ab? Spätestens bei der Auswer-tung und Interpretation der Werte geht es auch um handfeste Interessen wie z.b. beim Thema Integrati-on: Wer soll auf welche Weise und wie lange gefördert werden? Was ist „der Steuerzahler" bereit zu unterstützen? Damit werden das Zahlenmaterial und die Statistik leicht zum Instrument desjenigen, der sich am besten durchsetzen kann.

Eine empirisch-statistische Normabweichung als Faktum ist zunächst wertneutral, nicht negativ oder positiv: ein Mensch kann – in Zentimetern messbar - groß oder klein sein. Auch die Intelligenz kann groß oder klein sein (wenngleich sie schwieriger zu definieren und zu messen ist). In diesem Verständnis ist auch eine überdurchschnittliche Intelligenz eine statistische Normabweichung. In Deutschland wurde allerdings lange Zeit fast ausschließlich die Abweichung nach unten beachtet und gefördert.

Erst die soziale, moralisch-gesellschaftliche Norm entscheidet, ob und wie sanktioniert wird. Dabei ist es unbedeutend, ob statistisch durchschnittliche Normalität vorliegt: angenommen, die Mehrzahl einer Bevölkerung lügt und betrügt, so ist das statistisch gesehen normal, aber bei anders lautendem moralischem Anspruch ist es als abnorm, negativ und falsch zu bewerten und deshalb abstoßend und strafwürdig.

Im Alltag sind wir oft konfrontiert mit messbaren statistischen Normen, die unseren körperlichen oder geistigen Zustand vergleichen und einordnen (z.b. medizinische Normen wie Gewicht, Blutdruck oder psychische Normen wie Intelligenz, Leistung, Merkfähigkeit, Konzentration, Frustrationstoleranz). Unsere momentanen Werte werden dann verglichen mit statistischen Vergleichswerten. Dies sind Messergebnisse, die mit Hilfe von „geeichten" Messinstrumenten vorher aus einer repräsentativen Bevölkerungsgruppe erhoben worden sind. Als normal gilt dabei nicht der Mittelpunkt auf der benutzten Skala (z.B. 100), sondern ein Bereich auf dieser Skala. Die Gauß'sche Glockenkurve (Normalverteilung) soll dabei die Häufigkeitsverteilung graphisch veranschaulichen. Erst nach der Einordnung der gefundenen Werte wird von Experten beurteilt, ob und wie behandelt oder gefördert werden soll. Die Nicht-Inanspruchnahme von Behandlung oder Förderung wird natürlich nicht juristisch sanktioniert, aber besonders medizinische Experten lassen sich eine Nicht-Inanspruchnahme bestätigen, weil sie sonst ihrerseits wegen Unterlassung sanktioniert werden können.

Ein besonderes Problem stellt sich, wenn Normabweichung mit Krankheit gleichgesetzt wird. Ein hünenhaft großer Mensch ist bestimmt nicht normal, was seine Größe betrifft; aber er ist deshalb nicht unbedingt krank. Krankheit hat nämlich nicht nur mit objektiver Normabweichung zu tun, sondern auch mit subjektivem Leidensdruck. Und prinzipiell sollte niemand gegen seinen Willen behandelt oder gefördert werden. Anders als Priester und Pastoren, die ja einen missionarischen Auftrag haben, müssen sich Pädagogen, Psychologen oder Ärzte stets dieses Unterschieds bewusst bleiben, weil sonst jeder erzogen, gefördert oder therapiert wird, nur weil er nicht der Norm entspricht. Das macht den gesellschaftlichen Bildungs- und Erziehungsauftrag oft so schwierig: manche Kinder und auch Erwachsene wollen sich einfach nicht erziehen lassen. Das alles ist schwierig in einem Umfeld, in dem Politiker oder Journalisten sogar darauf bestehen, dass man Menschen nicht „belehren" solle, und schon gar nicht „mit erhobenem Zeigefinger". Gleichzeitig weisen dieselben Leute aber auch voller Abscheu auf die vielen „Unbelehrbaren" hin. Wahrscheinlich gilt da der Grundsatz: Kinder soll man erziehen und belehren, Erwachsene nicht. Aber wer ist Kind, wer Erwachsener?

Auch in Kunst und Kultur werden z.b. ästhetische Fragen nach normativen Gesichtspunkten bewertet (goldener Schnitt, Schönheitsideale, „klassische" Musik, etc.) und durch Befürwortung oder Ablehnung sanktioniert. Die Objektivität solcher Beurteilungen - im Sinne der Übereinstimmung von Fachleuten – ist allerdings meist eher gering. Daher sind auch solche Normen den wohl eher den sozialen Normen und ihren gesellschaftsbezogenen Sollwerten zuzuordnen.

Neben diesen sozialen Sollwerten gibt es natürlich auch technische Sollwerte. Technische Normen wie z. B. DIN (Deutsche Industrie Norm), ISO (International Organization for Standardization), Schulnoten und Zensuren, Währungen, aber auch die Uhrzeit, der Kalender, etc. sind Konventionen, die der Standardisierung dienen: einerseits ökonomisieren sie Arbeitsabläufe und Materialeinsatz, andererseits vergleichen und sichern sie Qualitätsmerkmale, die vom Kunden oder von Geldgebern gewünscht werden. Während bei der sozialen Norm das jeweils gültige Rechtssystem die Einhaltung und Kontrolle regelt, ist es bei den technischen Normen der Markt oder der TÜV (Technischer Überwachungsverein), welcher die Qualitätssicherung durch Überprüfung und Überwachung von vorher festgelegten Kriterien reguliert.

In psycho-sozialen Arbeitsfeldern definiert das Qualitätsmanagement jedoch meist nur fließende Übergänge oder formale Aspekte: eine umfangreiche Dokumentation von Vorgängen und Arbeitsabläufen kann die subjektive Befindlichkeit und das Wohlergehen von Klienten nicht hinreichend beschreiben. Streng genommen handelt es sich deshalb dort auch eher um eine Quantitätssicherung, welche die Qualität subjektiv empfundener menschlicher Zuwendung oft zu einem Nebenprodukt macht. Dies wiederum führt zur Kritik an ausschließlich markt- und betriebswirtschaftlich orientierten Methoden der Qualitätssicherung in der psycho-sozialen Arbeit.

3.2 Kausalität und Korrelation

Eine weitere wichtige Unterscheidung in der Wissenschaftssprache ist das Begriffspaar Kausalität und Korrelation: zwei messbare, aber verschiedenartige Zusammenhänge.

Die meisten Menschen sind sich der Bedeutung von Kausalität bewusst: auf eine bekannte Ursache folgt zwingend eine vorhersagbare Wirkung (Wirkungsbeziehung). Die empirische Forschung sucht unentwegt nach solchen kausalen Zusammenhängen. Aber da liegt das Problem: die meisten Faktoren, die wir als Bedingungsgrößen für menschliches Verhalten annehmen, lassen sich – zumindest bislang - noch nicht bis ins Detail experimentell untersuchen. Das liegt zum einen an unzureichenden oder fehlenden Untersuchungsmethoden und zum anderen an der

Würde des Menschen, die bestimmte experimentelle Untersuchungen verbietet.

Korrelation bedeutet, dass eine messbare Abhängigkeitsbeziehung (Wechselbeziehung) zwischen zwei oder mehreren beobachtbaren Merkmalen (Variablen) besteht, ohne dass man sagen könnte, welche Faktoren diese Abhängigkeit bedingen. Bei deutlicher Korrelation kann man anfangen, Vermutungen zu entwickeln und Hypothesen zu bilden und auf dieser Grundlage weiter forschen, bis man irgendwann die wirklich kausalen Zusammenhänge erkennt. Bis dahin muss man sich mit Theorien behelfen. Gerade in der Psychologie und den Erziehungswissenschaften, aber auch in der Medizin muss oft mit modellhaften Erklärungen gearbeitet werden, weil man zwar ursächliche Wirkungszusammenhänge vermutet, aber diese nicht beweisen kann. So ist zum Beispiel die Aussage, ein Verhalten sei genetisch bedingt oder vererbt in den meisten Fällen genauso wenig kausal nachweisbar wie die Aussage, eine schlechte Kindheit bedinge spätere Verhaltensauffälligkeiten: für beides gibt es korrelative Anhaltspunkte, aber noch keine Methodik, um Kausalzusammenhänge zu bestätigen!

Dieser Problematik ungeachtet wird in allen Lebensbereichen immer nach möglichst eindeutigen kausalen Erklärungen verlangt und kausal argumentiert nach dem Muster: weil etwas geschehen ist, trat diese Folge ein. Dahinter steht nicht nur der Wunsch nach Klarheit und Eindeutigkeit, sondern oft auch eine Wissenschaftsgläubigkeit, welche gelegentlich sogar die Zweifel und sogar Skrupel der Wissenschaftler selbst beiseite wischt. Dann werden von Praktikern in Politik oder der Wirtschaft Entscheidungen getroffen, die angeblich von der Wissenschaft als abgesichert gelten, obwohl diese händeringend abwehrt, weil eben doch noch keine kausalen Zusammenhänge gefunden worden sind. Andererseits gibt es auch Menschen, die so grundsätzlich und unbeirrbar an allen Wissenschaften zweifeln, dass sie vorsorglich erst gar keine wissenschaftlich fundierten Ergebnisse berücksichtigen.

Oft wollen wir also gerne glauben, im Besitz kausaler Erklärungen zu sein und sind doch weit entfernt davon. Auch am Beispiel der Schmerztherapie in der Medizin lässt sich das gut verdeutlichen. Zunächst einmal ist Schmerz nicht objektivierbar, sondern ein individuell subjektives Empfinden; er kann deshalb auch nur subjektiv z.b. auf Selbsteinschätzungsskalen gemessen werden. Wenn nun etwa bei Kopfschmerz ein Schmerzmittel wie Aspirin (Markenname der Firma Bayer), also Acetylsalicilsäure verabreicht wird, so ist durch medizinische Forschung nachweisbar, dass diese Substanz eine kausale Wirkung auf die so genannten Transmitter-substanzen (Botenstoffe) an den Synapsen hat (Verbindungsstellen an den Dendriten zwischen den Nervenzellen).

Aber damit ist noch kein kausaler Zusammenhang zwischen den objektivierbaren biochemischen Faktoren und dem subjektiven Schmerzempfinden hergestellt. Denn wäre tatsächlich ein solcher kausaler Zusammenhang nachzuweisen, müssten Schmerzen mit Hilfe dieses Medikaments bei jedem Menschen in jedem Fall und vorhersehbar abklingen. Da dies aber keineswegs der Fall ist, wird bei Misserfolg ein anderer Wirkstoff verabreicht und vielleicht bei Bedarf noch ein Dritter. Sollte sich dann schließlich eine Linderung des Schmerzes einstellen, möchten wir gerne glauben, den kausalen Zusammenhang zwischen Schmerz und Medikament gefunden zu haben. Anders verhält es sich bei Betäubungsmitteln wie Morphium, deren grundsätzliche Wirkung vorhersagbar ist. Wegen dieser Zuordnungsschwierigkeiten wurde die Medizin auch oft als die „Kunst" verstanden, das individuell wirksame Heilmittel zu finden, ohne dass man das genaue Zusammenspiel der Inhaltsstoffe mit dem menschlichen Körper kannte.

In den Naturwissenschaften wie Physik oder der Chemie lassen sich die zu untersuchenden Faktoren insofern immer wieder neu zusammenstellen, als es den dort beobachteten Kräften und Substanzen gleichgültig sein mag, ob und wie man sie isoliert, zerteilt, aufbläht oder sie schädlichen Einflüssen aussetzt um zu sehen, was dann passiert. So soll und kann man aber mit Menschen – und möglichst auch mit Tieren - nicht verfahren. Das ist eine Frage der Ethik. Mit welchem Recht sollte man Geschwister oder Kinder von ihren Eltern trennen, um so den Einfluss solcher Trennungen zu untersuchen? Natürlich kann man solche Bindungen untersuchen, die bereits voneinander getrennt sind. Aber das ist sozusagen eine Rückwärtsuntersuchung, ex-post-facto genannt, bei der die experimentellen Bedingungen nicht mehr gezielt und isoliert gesteuert werden können. Bei solchen Untersuchungen können aber sehr wohl hohe mathematisch-statistisch nachweisbare Zusammenhängen gefunden werden, z.b. eine Häufung von Verhaltensauffälligkeiten bei Scheidungskindern. In diesem Fall handelt es sich meist um eine rechnerische Beziehung, also eine Korrelation. Ob dabei aber überhaupt ein inhaltlicher oder gar kausaler Zusammenhang besteht, bleibt offen: nicht jedes Kind geschiedener Ehen wird notwendigerweise verhaltensauffällig. Darüber hinaus kann sich die Verhaltensauffälligkeit in sehr unterschiedlicher Weise und Intensität zeigen. Es ist also keine Vorhersagbarkeit gegeben. Natürlich gibt es in bildungsfernen Bevölkerungsgruppen weniger Bildung und daraus resultierende Benachteiligungen, aber es gibt auch in der am besten gebildeten Umgebung völlig ungebildete Personen, die sich auch durch noch so teure Förderung nicht ohne ständige finanzielle Unterstützung am Leben halten können. Die Politik versucht im ersten Fall, durch massive Förderung gegenzusteuern: allerdings nicht „automatisch" mit Erfolg.

Im Bereich der Schule gab es schon immer Vermutungen und tatsächlich feststellbare Beziehungen wie „Religion gut – Kopfrechnen schwach" (so genannte negative Korrelation) oder „Latein gut – Mathematik gut" (positive Korrelation). Zwischen diesen Schulleistungsbereichen gibt es tatsächlich längst und vielfach untersuchte korrelative Zusammenhänge, aber eben keine kausalen, die auf nachweisbare Ursachen und vorhersagbare Folgen begründet wären. Je vielschichtiger der untersuchte Gegenstand, also je größer die Anzahl der zu isolierenden Variablen, desto schwieriger und unwahrscheinlicher ist es, kausale Zusammenhänge zu finden und zu isolieren. Dies gilt insbesondere für komplexe Verhaltensweisen von Lebewesen.

Die meisten empirischen Untersuchungsergebnisse in der Psychologie wie auch in der Pädagogik sind Aussagen korrelativer Art. Auch in den Naturwissenschaften werden mit ansteigender Komplexität des Untersuchungsgegenstands in aller Regel erst einmal korrelative Beziehungen nachgewiesen (z.B. Wettervorhersage). Dann wird anhand von Modellen und Theorien versucht, die Beziehungen zwischen den Phänomenen besser zu verstehen: verstehen, nicht schlüssig erklären. Mit Hilfe solcher Modelle werden dann weitere Hypothesen gebildet, die dann wieder Gegenstand neuer Untersuchungen sind. Erst wenn Beziehungen empirisch als kausal nachgewiesen werden können, sind sie auch wirklich erklärbar und vorhersagbar.

3.3 Objektivität und Wahrheit

Jetzt soll ein weiteres, sehr wichtiges Begriffspaar erläutert werden: Objektivität und Wahrheit. Das sind in der Umgangssprache gleichgesetzte Begriffe (jetzt sage ich Dir einmal ganz objektiv die Wahrheit), aber in der Wissenschaftssprache zwei völlig unterschiedliche Aspekte.

Objektivität meint eine größtmögliche persönliche und emotionale Distanz zum Beobachtungsgegenstand. Genauer gesagt: verschiedene Beobachter müssen ohne persönliche oder emotionale Ablenkung bei der Beobachtung und der Beurteilung einer Sachlage zu möglichst demselben Ergebnis kommen. Aber genau da fängt die Schwierigkeit an. Selbst bei hoch spezialisierten Gutachten aller Art gibt es am Ende doch meist immer noch ein Gegengutachten, das zu anderen Ergebnissen kommt. Dabei könnte zwar eine Übereinstimmung der Ergebnisse einer Messung vorliegen, aber die Beurteilung, die Interpretation dieser Ergebnisse ist anders. Bei jedem wissenschaftlichen Versuch, Experiment, Interview oder Test (ein Test ist ein standardisiertes Experiment) gibt es eine Aussage über die Objektivität der Durchführung, eine Objektivität der Auswertung und eine Objektivität der Interpretation. Diese Aussagen werden mathematisch berechnet und in Zahlen, so genannten Koeffizienten, ausgedrückt.

Dazu ist nun noch wichtig zu wissen, dass nach wissenschaftlichem Verständnis ein Experiment willkürlich, variierbar und wiederholbar sein muss. Das heißt, die zu untersuchenden Fragen und die Untersuchungsbedingungen müssen willkürlich, nach dem Willen des Untersuchenden, festgelegt werden können und sie müssen veränderbar sein; außerdem muss das ganze Experiment wiederholbar sein. Aber es ist im Bereich der Pädagogik und der Psychologie gar nicht so leicht, diesen Ansprüchen zu genügen, da einerseits die zu untersuchenden Fragen wie „Aggression" oder „Eltern-Kind-Beziehung" nicht einfach zu definieren sind (so genannte hypothetische Konstrukte!) und andererseits die zu untersuchenden Personen nicht einfach „stillhalten", bis das Experiment zu Ende ist, sondern sich vielmehr dauernd in tatsächlicher oder emotionaler Bewegung befinden, meistens auch noch abgelenkt und beeinflusst durch das Experiment selbst.

Die wissenschaftliche „Gemeinde" erwartet, dass jedes Experiment peinlich genau dokumentiert und veröffentlicht wird, so dass jeder andere Wissenschaftler das Experiment wiederholen und nachprüfen kann. Die Ergebnisse müssen in Zahlen ausgedrückt werden können (Quantifizierbarkeit). Außerdem muss die Messgenauigkeit der angewandten Methoden in Zahlen angeben werden sowie die Wahrscheinlichkeit eines Zufallsprodukts der Ergebnisse statistisch überprüft haben (Messfehler und Signifikanz). Wenn dann noch geklärt ist, dass man von vornherein eine nachweisbar repräsentative Stichprobe an Versuchspersonen ausgewählt hat (Repräsentanz), wird die Gesamtuntersuchung von anderen Fachkollegen begierig daraufhin untersucht, ob auch alles mit rechten Dingen zugegangen ist. Spätestens dann stellt sich wieder die Frage der Objektivität: wie viele Forscher kommen schließlich zum selben Ergebnis?

Insofern kann man auch sagen: Objektivität ist das Ausmaß der Übereinstimmung von ausgewiesenen, anerkannten Fach-Experten; also auf einer Skala nicht etwa null oder hundert, sondern möglichst hoch. Deshalb ist man als Forscher in den Sozialwissenschaften schon glücklich, wenn man eine relativ hohe Übereinstimmung mit den Ergebnissen anderer Forscher erreicht.

Jeder Wissenschaftler muss ständig damit rechnen, dass seine eigenen Ergebnisse irgendwo auf der Welt widerlegt werden. Sobald also einer oder mehrere Forscher zu einem anderen Ergebnis kommen als zu dem bereits vorliegenden, „rutscht" die Objektivität auf der Skala nach unten. Objektivität ist also keine festgelegte oder gar „zementierte" Größe: sie ändert sich beinahe automatisch bei neuen Erkenntnissen. Sie ist nur vorläufig gültig, also ein IST-Wert. Es gibt demnach nicht **die** Objektivität, sondern ein messbares Ausmaß an Objektivität.

Jetzt soll es um den oft damit gleichgesetzten Begriff gehen: die Wahrheit. Umgangssprachlich ist Wahrheit das Gegenteil von Lüge, und wir sind alle stets an der Wahrheit interessiert. Wahrheit oder Lüge entscheiden über Schuld und Verantwortung und damit über Strafart und Strafmaß gegenüber den Rechtsnormen einer Gemeinschaft. Deshalb ist Wahrheit ein hohes moralisches Gut, eine wichtige soziale Norm. In der Wissenschaft wie im täglichen

Leben drückt man sich allerdings gern vor diesem Begriff, weil er keine Ausnahmen zulässt, sondern meist nach einer Entscheidung im Sinne von Entweder – Oder verlangt.

Auch Immanuel Kant (1724-1804) hat sich, wie viele andere vor und nach ihm, mit der Wahrheit auseinandergesetzt. Er setzt Wahrheit einem Glauben, einer Überzeugung gleich: entweder man glaubt etwas oder man glaubt es nicht. Das gilt insbesondere für religiöse Überzeugungen. Man hat im Mittelalter oft versucht, die Existenz Gottes wissenschaftlich-theologisch zu beweisen. Aber, so Kant, Gott muss man nicht beweisen. Es ist auch nicht nötig. Entweder man glaubt oder man glaubt nicht; es gibt keinen Mittelwert. Genau das ist der Unterschied zwischen Glauben und wissenschaftlichem Wissen: Glauben ist absolut. Und Glaube wird auch nicht dadurch hoch objektiv, wenn Millionen Menschen dasselbe glauben: es fehlt die wissenschaftlich experimentelle Überprüfbarkeit. Wahrheit ist absolut, Objektivität ist relativ.

Oft hört man allerdings den Satz: die Wahrheit liegt immer in der Mitte. Herbert Pietschmann (1990) bestreitet diese weit verbreitete Annahme vehement. Wenn damit gemeint ist, dass man im Streitfall beide Seiten anhören soll, um dann nach bestem Wissen und Gewissen zu entscheiden, so entspricht das der Erkenntnis, dass man im Nachhinein und ohne konkrete Beweise ohnehin niemandem wirklich gerecht wird. Aber deshalb liegt die Wahrheit nicht in der Mitte. Meist entledigt man sich jedoch dieser Unpässlichkeit, indem man die Kontrahenten zu gleichen Teilen für schuldig erklärt und hofft, dass das laute Zähneknirschen dessen, der sich ungerecht behandelt fühlt, allmählich abklingen möge. Meist ist dies aber nicht der Fall, sondern führt früher oder später unvergessen und unverziehen zu allen Arten der offenen oder verdeckten Rache als Wiedergutmachung für den subjektiv erlittenen Ehrverlust.

In diesem Sinne ist Wahrheit, anders als Objektivität, eine qualitative Größe. Die Wahrheit kann fortdauernden Bestand haben, weil sie auch unabhängig von Sachargumenten weiter geglaubt werden kann. Dies ist besonders in religiösen und politischen Zusammenhängen leicht beobachtbar. Je unbeirrbarer oder sogar fanatischer jemand von etwas überzeugt ist, desto weniger ist er Sachargumenten gegenüber aufgeschlossen.

Anders als in den empirischen Wissenschaften hat der Wahrheitsbegriff in bestimmten, nicht überwiegend empirischen Wissenschaften eine Besonderheit entwickelt, so etwa nicht nur in der Theologie oder der Justiz, sondern auch in bestimmten Bereichen der Mathematik. Das liegt daran, dass sich grundsätzliche Aspekte der Mathematik wie der Theologie mit sich selbst befassen: sie stellen Sätze, Behauptungen, Dogmen oder so genannte Axiome auf, die sie als Wahrheit und damit als grundlegende und unumstößliche Größe definieren. Daher ist etwa im Bereich der „Aussagen-Logik" (Teilgebiet der Informatik) ein scheinbar objektivierbarer Wahrheitsbegriff möglich (etwas ist „theoretisch beweisbar").

Auch in den Rechtswissenschaften werden zunächst feste Bezugspunkte, also Rechtsnormen (moralische Normen) durch den Gesetzgeber und seine juristischen Berater aufgestellt und dann durch die Justiz überwacht. Diese Normen und Grundsätze sind natürlich immer auch gesellschaftlichen Wandlungsprozessen und Machteinflüssen unterworfen. Die Wahrheit gilt dort im Falle der Beweisbarkeit als objektivierbare Tatsache. Oft genug sind aber die Tatsachen nicht oder nicht genau zu ermitteln. Dann gilt hierzulande der juristische Grundsatz: im Zweifel für den Angeklagten. Gelegentlich erfolgt aber auch – ebenfalls „im Interesse der Öffentlichkeit" - eine Verurteilung nach Indizien, das heißt, nach vermuteten und wahrscheinlichen Zusammenhängen.

Nach heutigem Wissenschaftsverständnis ist Wissen selten absolut; sondern meistens vorläufig. Deshalb steht am Schluss vieler Untersuchungen und Doktorarbeiten der Satz: weitere Forschung ist nötig.

Allerdings mussten – wohl seit Beginn der Menschheitsgeschichte - wissenschaftliche Erkenntnisse immer wieder der individuellen oder kollektiven, meist religiösen Wahrheit weichen oder sie wurden von ihr missbraucht. Diese Erkenntnis soll aber die Praktikerin und den Praktiker im Feld der Erziehung nicht zur grundsätzlichen Ablehnung oder gar zum Ignorieren von wissenschaftlichen Aussagen führen. So müssen sich zum Beispiel Erzieherinnen und Erzieher an dem orientieren, was zur Zeit als nachprüfbar und hoch objektiv gilt und damit wissenschaftlich gegenwärtiger Stand ist. Ansonsten wäre eine Ausbildung, die ja über den subjektiven Erkenntnishorizont des Einzelnen hinausführen soll, in jeder Hinsicht überflüssig. Es gilt, sich ständig über neue Erkenntnisse zu informieren und nach Möglichkeit festzustellen oder zu erfragen, wie sie zustande gekommen sind.

4 Methodische Überlegungen am Beispiel „Gewalt in den Medien"

Es sollen nun keine konkreten Ergebnisse, sondern eine Reihe von methodischen Vorüberlegungen am Beispiel „Gewalt in den Medien" angesprochen werden. Es geht dabei um die folgenden Aspekte: Hypothesenbildung, Definition und Operationalisierung, Gesellschaftliche Aspekte zum Thema Gewalt, Methoden und Interpretation der Ergebnisse.

Gewalt ist naturgemäß ein stark emotional besetztes Thema, zumal es insbesondere auch um Kinder geht und um die Frage des Werteverlusts und der Verrohung der Sitten. Auf der einen Seite geht es um einen gesellschaftlich-moralischen Konsens, inwieweit man Kinder der in den Medien (TV, Computerspiele, Zeitschriften, Internet) gezeigten Gewalt überhaupt aussetzen darf, ohne sie in ihrer Persönlichkeitsentwicklung zu beschädigen und auf der anderen Seite geht es um Presse- und Medienfreiheit, aber auch um Geld in Form von Einschaltquoten.

Von biologischer Seite her sind – trotz aller politischer Vorbehalte – die Namen Konrad Lorenz (1903-1989) und mindestens einer seiner Kollegen, Irenäus Eibl-Eibesfeldt, zu erwähnen. Die Begründer der Ethologie (vergleichende Verhaltensforschung) haben wesentlich zum Wissen und zur Diskussion über Gewalt (Aggression) beigetragen. Immer noch bemerkenswert sind von Lorenz, „Das sogenannte Böse" oder von Eibl-Eibesfeldt „Liebe und Hass."

Zu der Fragestellung „Gewalt in den Medien" gibt es viele Untersuchungen, insbesondere solche, die den quantitativen Aspekt der Frage beleuchten: wie oft wird pro Zeiteinheit eine vorher definierte Gewaltszene gezeigt und was sind die Folgen? Oder: wie hat sich das Ausmaß der gezeigten Gewalt über die Jahre hinweg verändert? Es liegen auch Untersuchungen darüber vor, welche Gehirnareale sich beim Anblick von Gewaltszenen in bildgebenden Verfahren farblich verändern. Es gibt viele Ergebnisse, aber noch keine wirklich alle Befunde umfassende Theorie.

4.1   Hypothesenbildung

In der Öffentlichkeit sowie der einschlägigen Literatur wird immer wieder der Verdacht geäußert, dass die in den Medien dargestellte Gewalt verantwortlich sei für die Zunahme von Gewalt in Schulen und auf der Straße. Es gibt verschiedene Theorien zu dieser Fragestellung; der Psychologe Herbert Selg hat dazu eine vergleichende Übersicht vorgelegt (2004). Zwei dieser Theorien sind zunächst

*   die Risikotheorie, wonach sich durch Gewalt in den Medien die Aggressionsbereitschaft ständig erhöht. Für diese Theorie sprechen viele empirisch gesicherte Befunde wie etwa die des Sozi-

alpsychologen Stanley Milgram (1933 – 1984) zum Thema Autorität und Gehorsam.

- die Katharsistheorie (Katharsis, griechisch = Reinigung), wonach sich konkrete Gewaltbereitschaft durch die nicht tatsächlich, sondern nur im Bild und in der Vorstellung vollzogene Gewalt sozusagen als ein die Psyche reinigendes Aggresssions-Gewitter entlädt. Der Biologe und Begründer der Ethologie (Vergleichende Verhaltensforschung) Konrad Lorenz (1903 - 1989) und seine Schüler erinnern in diesem Zusammenhang an Mannschafts - und Kampfsportarten, die ihrer Meinung nach aggressionsabbauende Maßnahmen sind und deshalb gefördert werden sollten. Allerdings gibt es für diese Theorie kaum empirisch gesicherte Belege.

Sowohl von der Psychoanalyse als auch von den Lerntheorien gibt es bedeutsame Beiträge zu diesem Thema. Oft wird dabei von der Lerntheorie (Einzahl) gesprochen, aber tatsächlich sind es mindestens vier differenzierbare Haupttheorien, die sich nach einem Modell von Kanfer (1925-2002) auch miteinander verbinden lassen. Diese vier Haupttheorien sind:

- Lernen durch Einsicht: Köhler (1887 – 1967), später: kognitives Lernen
- Klassisches Konditionieren: Pawlow (1849 - 1936)
- Instrumentelles Lernen Thorndike (1874 - 1949) und Skinner (1904 – 1990, operantes Konditionieren)
- Lernen am Modell / Nachahmung: Bandura (geb. 1925)

Das letztgenannte Modell von Bandura würde unserer Fragestellung folgende Hypothese anbieten können: Kinder lernen durch das Vorbild in den Medien, dass man mit Gewalt fast alles erreichen kann.

Wenn man dazu das Modell des operanten Konditionierens für eine Hypothesenbildung hinzufügt, könnte die Fragestellung so lauten: die erfolgreiche Nachahmung von Gewalt aus den Medien verstärkt dieses Verhalten und vergrößert damit die Wahrscheinlichkeit des Auftretens.

Die daraus folgenden konkreten Untersuchungen erfordern nun ein vorher zu bestimmendes Regelwerk an Methoden zur Durchführung sowie zur Auswertung der gewonnenen Daten. Allein schon diese Vorüberlegungen erfordern einen zeitlichen und materiellen Aufwand, ohne den eine wissenschaftliche Untersuchung keine Glaubwürdigkeit erreichen würde.

Vor dem Hintergrund des scheinbar kausalen Zusammenhangs von Gewalt in den Medien und der zeitgleichen Zunahme an Gewaltbereitschaft bei Kindern und Jugendlichen wurde also eine erste Hypothese aufgestellt. Genau genommen werden Hypothesen übrigens aus methodischen Gründen meist anders herum, also negativ formuliert: Gewalt in den Medien erzeugt oder fördert nicht die tatsächliche Zunahme an Gewaltbereitschaft bei Kindern und Jugendlichen. Diese Aussage soll dann „falsifiziert" (= widerlegt) werden. Die eine Frage ist also, ob dieser angenommene Zusammenhang überhaupt bestätigt werden kann. Die andere Frage wäre, ob ein statistisch gefundener Zusammenhang durch Nachahmung zustande gekommen ist.

Hypothese (Quelle unbekannt)

4.2 Definition und Operationalisierung

Jetzt muss, bezogen auf diese Untersuchung, erst einmal genau definiert werden, was unter „Gewalt", „Gewaltbereitschaft" und unter „Zunahme" zu verstehen ist? So könnte etwa eine Zunahme von 2% auch als Zufallsprodukt gewertet werden. Die zu definierenden Begriffe sind zunächst so genannte „hypothetische Konstrukte", also Begriffe, die für einen scheinbar allgemeingültig verwendeten, aber doch diffusen Inhalt stehen so wie Aggression, Liebe oder andere abstrakte Begriffe wie „das Selbst". Der Begriff „Zunahme" benötigt außerdem einen statistisch erfassbaren und konkret nachvollziehbaren Ausgangspunkt, vergleichbar der meist ungeliebten eigenen Gewichtszunahme auf der Waage. Der Definition des Begriffs „Nachahmung" könnte man selbst neu entwickeln oder von Bandura übernehmen. Eine zutreffende Definition alleine genügt jedoch noch nicht: das zu untersuchende Merkmal muss so aufgeschlüsselt werden, dass es beobachtbar und am besten auch zählbar gemacht werden kann. Diesen Schritt nennt man Operationalisierung (lateinisch: opera - Arbeit).

4.3 Gesellschaftliche Aspekte zum Thema Gewalt

Nun hat jeder Wissenschaftler auch eine persönliche Biographie. Die wird sich trotz intensiven Literaturstudiums zu den bisher gemachten Untersuchungen

zum Thema Gewalt in seine Überlegungen ein-
schleichen. Er hat eine bewusste und vor allem eine
unbewusste Vorstellung von Aggression. So ist z.b.
auch noch die Nachkriegsgeneration in Deutschland
aufgewachsen mit Liedgut aus der Kaiserzeit, in
welchem viel von Kampf, Heldentum und Tod die
Rede war. Dies wurde mit Inbrunst an Lagerfeuern
gesungen, die Texte waren und sind teilweise noch
bekannt. Und noch bevor man diese Lieder singen
konnte, haben Eltern und Verwandte die Kinder auf
ihren Schoß gesetzt und zu deren größten Vergnügen
immer noch einmal Reime wiederholt wie „Hoppe
hoppe Reiter, wenn er fällt, dann schreit er. Fällt er
in den Graben, fressen ihn die Raben. Fällt er in den
Sumpf, macht der Reiter Plumps (und ertrinkt)". Die
oft brutale Härte in diesen – soll man tatsächlich
sagen „beruhigenden Kinderreimen" – haben die
Kinder nicht bewusst vermerkt. Schließlich ist die
Alltagssprache durchsetzt mit Grausamkeiten aller
Art (zum Henker mit Dir! Jemanden auf die Folter
spannen. Jemand schreit wie am Spieß).

Moritaten – also Mordtaten – wurden von Bänkel-
sängern von Marktplatz zu Marktplatz getragen und
zur lustvollen Untermalung mit dem Leierkasten
begleitet. Gruseln war immer beliebt. Heute gibt es
Krimis zum Lesen, Horror im Fernsehen und in der
Presse, man besucht Gruselkabinette und Folter-

kammern aller Art und bezahlt sogar Eintritt dafür. Man sucht den Nervenkitzel und nimmt die Aufregung und Anspannung in Kauf, um sich am glücklichen Ende wohlig zu entspannen.

Das alles regt die Phantasie an. Doch wenn es zur Realität wird, ist man entsetzt. Allerdings scheinen die meisten Menschen eher abzustumpfen, wenn solche phantasierte oder reale Aufregung zur Gewohnheit wird. Und kaum jemand will seine eigenen Gewaltphantasien wirklich in die Realität umgesetzt wissen. Das würde man abnorm und krank nennen mit entsprechenden Folgen. Aber wer beruflich und konkret mit Aggression und Gewalt zu tun hat (z.b. Soziale Dienste, Polizei, Feuerwehr, Pflegeberufe, Ärzte), versucht zumindest so weit abzustumpfen, dass er es aushält und nicht davon träumt. Oder man versucht über Maßnahmen wie Supervision eine „Psychohygiene" zu erreichen. Menschen, die an einer viel befahrenen Bahnlinie oder an einer belebten Straßenkreuzung wohnen, pflegen auf Fragen nach der Lautstärke zu antworten: da gewöhnt man sich dran; wir hören das gar nicht mehr. Diese Denkweise entspricht der Habitualisierungstheorie (Habitualisierung = Gewöhnung).

Der Gewaltbegriff hat sich in der deutschen Sprache von einem ursprünglich relativ neutralen Inhalt –

Walter, Verwalter, Verwaltung, Schalten und Walten, politische Gewaltenteilung – zu einem fast ausschließlich bösartigen und kriminellen Begriff entwickelt. Das liegt wahrscheinlich daran, dass Gewalt mit Abhängigkeit und Macht und oft genug mit dem Missbrauch von Macht zu tun hat. Der Psychoanalytiker Erich Fromm (1900 – 1980) versuchte deshalb die Begriffe Aggression und Destruktion voneinander zu unterschieden. Biologisch sinnvolle Aggression (vgl. auch Konrad Lorenz) sollte stehen für beschützen und behaupten, aber auch für sinnvolles jagen und erbeuten; Destruktion sah er als Folge unterdrückter oder nicht mehr benötigter biologisch sinnvoller Aggression. Destruktion äußert sich danach in der Zerstörung von Personen, Beziehungen oder Sachen, aber auch die Zerstörung der eigenen Gefühlswelt bis hin zur Selbstzerstörung. Zur Destruktion sei prinzipiell nur der Mensch fähig. Dieser Differenzierungsversuch sollte dafür sorgen, dass nicht „alles in einen Topf geworfen" wird, was mit Körperlichkeit und Krafteinsatz verbunden ist. So gibt es z.B. auch bei Konflikten, also bei Meinungs- oder Interessenverschiedenheiten, zwei Möglichkeiten der Auseinandersetzung: eine konstruktive, der Kompromiss sowie eine destruktive, der rücksichtslose Machtkampf.

Der Krieg der ersten Menschen
„Der Spiegel": Titelbild 20.03.2000

Das Thema Gewalt ist also nicht neu und wahrscheinlich auch nicht aus der Welt zu schaffen. Jungen haben wahrscheinlich immer mit offenen Machtinstrumenten wie Messern, Schwertern oder Pistolen gespielt. Die konkrete Auseinandersetzung mit aggressiven und destruktiven Verhaltensweisen im Spiel hat meist zu Regeln geführt, die das Äußerste, also die wirkliche Verletzung des Gegners, verhindern sollte – wenn er sich denn als geschlagen bekannte. Den Mädchen blieben diese Spiele meist verwehrt; aber sie entwickelten andere, subtilere Möglichkeiten des Ausprobierens. Eine Zeit lang haben insbesondere Psychologen und Pädagogen geglaubt, das alles ließe sich mit Mitteln der Erziehung verhindern. Oft genug jedoch schlug dieser an sich begrüßenswerte Versuch auch ins Gegenteil um und erzeugte „hausgemachte" Aggression, wenn jede Art von Kampf, Körperlichkeit und Lautstärke unterbunden wurde.

Die Untersuchungen aus den Forschungsbereichen der Psychologie sowie auch aus anderen Wissenschaftsbereichen, insbesondere der Soziologie und der Pädagogik können zwar unterschiedliche Fragestellungen verfolgen, sie bedienen sich aber der gleichen wissenschaftlichen Methodik: entweder überwiegend empirisch oder überwiegend hermeneutisch. Die Ergebnisse und Interpretationen werden dann denjenigen zur Verfügung gestellt, die für das Handeln verantwortlich sind: Erzieherinnen und Erzieher, Therapeuten, Journalisten, Juristen, Politiker. Und je nach Blickwinkel und Handlungsbedarf dieser Personen werden diejenigen Untersuchungsergebnisse bzw. Interpretationen herangezogen, die das eigene Handeln untermauern. Genau an dieser Stelle wird am heftigsten gestritten, weil es hier nicht nur um Glaubwürdigkeit, sondern auch um Geld geht. Wer sein Konzept, nicht notwendigerweise sein konkretes Handeln, in Geld gebenden Gremien am besten wissenschaftlich, aber vor allem publikumswirksam und damit mehrheitsfähig begründen kann, obsiegt mit seiner Meinung. Das ist dann aber meist nicht mehr die Stunde der Wissenschaft, sondern die der persönlichen Überzeugungskraft.

Irak 1991: Saddam Hussein und George Bush Senior
„Der Spiegel": Titelbild 14.01.1991

4.4 Methoden
und Interpretation der Ergebnisse

Nach dem schwierigen Unterfangen der genauen Definition von beobachtbaren Verhaltensweisen muss entschieden werden, wie beobachtet, untersucht und ausgewertet werden soll: durch ein Experiment, durch ein Interview oder durch andere Möglichkeiten der Verhaltensbeobachtung. Auch dazu gibt es wieder viele Standards und Details zu berücksichtigen, damit Beobachtungs- und Auswertungsfehler weitgehend ausgeschlossen sind. Darüber hinaus ist vorab genau festzulegen, für wen die Ergebnisse eigentlich repräsentativ sein sollen. Meist ist die Auswahl einer geeigneten Stichprobe äußerst mühselig und langwierig. Viele Untersuchungsergebnisse leiden unter Stichprobenfehlern und sind schon deshalb nicht als repräsentativ für eine ganze Gesellschaft zu bewerten.

Die ebenfalls schwierige Frage, wie die Ergebnisse einer Beobachtungsreihe ausgewertet und dargestellt werden sollen, begleitet den ganzen Prozess. Wird es eine Darstellung mit Hilfe beschreibender Statistik, also z.b. Zahlen in optisch aufbereiteter Diagrammform, so dass wir die Zahlen schneller und besser erfassen können? Oder werden darüber hinaus noch statistische Analysen angestellt, welche die Ergebnisse etwaiger Vergleichsgruppen zueinander in Beziehung stellen? Oder will man auf mathematischem Wege abklären, ob die gefundenen Werte nur Zufallsprodukte sind? Dazu kann man sich vornehmen, eine Messfehlerquote zu bestimmen und diese zu berechnen. Wenn man nur ein einziges Verhaltensmerkmal untersucht, ist das alles schon schwierig genug und bedarf größter Sorgfalt und Vorbereitung. Wenn man aber mehrere Verhaltensmerkmale und Einflussgrößen gleichzeitig und in gegenseitiger Abhängigkeit untersuchen will – und das ist die Regel, dann wird das ganze Untersuchungsverfahren zu einem großen Aufwand: es dauert sehr lange und kostet viel Geld.

Wenn man nun die für die Fragestellung nötigen Vorarbeiten geleistet hat, stellt sich noch die Frage, wer die Ergebnisse interpretieren soll. Natürlich interpretiert man sie erst einmal selbst. Aber sobald sie veröffentlicht werden – oder gelegentlich auch schon vorher – legen Verlage, Presse oder Politik ihre Hände darauf: zustimmend oder ablehnend, je nachdem, ob die Ergebnisse und die Interpretation ins jeweilige Konzept passen oder sich im engeren wie im weiteren Sinne verkaufen lassen. Dabei geht es der Wissenschaft selbst zunächst gar nicht um Zustimmung oder Ablehnung, sondern um Fakten. Dass die wissenschaftliche Psychologie unter diesen

Umständen dennoch auch methodisch sehr gut durchgeführte und praktisch verwertbare Ergebnisse produzieren kann, zeugt vielleicht von dem Engagement und dem Einfallsreichtum, mit dem sich Wissenschaftler zu allen Zeiten und in allen Forschungsbereichen auf das Abenteuer Wissenschaft einließen.

Die Moral gebietet eigentlich, dass man die psychischen und sozialen Folgen von Gewalt im Vorwege bekämpft, aber man darf auch nicht vor lauter gut gemeinter Utopie blind werden gegenüber wissenschaftlichen Erkenntnissen, die vielleicht nicht ins eigene politische Bild passen. Die Schuldigen sind nicht nur skrupellose Medienmacher, die uns den Schrecken immer wieder präsentieren. Vielmehr müssen mutige Eltern und Erzieher insbesondere Kindern den Unterschied zwischen Phantasie und Wirklichkeit beibringen, etwas, das gerade Kinder leicht verwechseln. Und man muss darauf bestehen, dass die Darstellung allzu weit ins Einzelne gehender Bilder unterlassen wird. Denn damit verstören und ängstigen wir uns gegenseitig mehr als nötig.

Wenn sich eine demokratische Gesellschaft mehrheitlich gegen Gewalt in den Medien aussprüche, müsste sich der Gesetzgeber um entsprechende Regelungen bemühen. Er könnte dies auch ohne wissenschaftliche Untermauerung tun und stattdessen eine gesellschaftlich gewachsene Ethik als Grundlage heranziehen. Schließlich ist auch die „Würde des Menschen" nicht wissenschaftlich beweisbar und dennoch im Grundgesetz verankert. Dies würde eine wissenschaftliche Erforschung der Ausgangsfragestellung nicht verhindern, aber vielleicht entemotionalisieren.

Von der Psychologie wird immer wieder die konkrete und möglichst schnelle Umsetzbarkeit in die praktische Arbeit erwartet. Damit verkommt die Psychologie leicht zur Zauber- oder Trickkiste, die man wegwirft, wenn sie nicht sofort funktioniert. Aber als Grundlagenforschung kann sie solche Erwartungen nur selten erfüllen. Vielmehr geht es meist darum, die Überzeugungen des „Volksempfindens" und des so genannten „gesunden Menschenverstands" zu überprüfen und dieses „Wissen" zu differenzieren, zu bestätigen oder zu widerlegen. Insbesondere dann, wenn scheinbar allgemeingültiges Wissen widerlegt wird, beginnt die mühevolle Arbeit der Umsetzung.

In den oben dargestellten Überlegungen ging es also nicht um konkrete Ergebnisse, sondern darum, wie sich die wissenschaftliche Psychologie einem Thema zu nähern versucht. Noch besteht die begründete Vermutung, dass es in der Psychologie vorerst keine

einhelligen und völlig übereinstimmenden Gesamt-
theorien über komplexe Verhaltensweisen geben
wird (vgl. Objektivität), es sei denn, wesentlich ver-
besserte wissenschaftliche Methoden auch im Bereich der Hirn- oder Genforschung führten eines
Tages zu eindeutigen kausalen Beweisen. Das macht
aber die bisherige und zukünftige psychologische
Forschung nicht überflüssig: einzelne bereits vorhandene Mosaiksteine der Erkenntnis sollten sich
allmählich zu einem Gesamtbild verdichten.

Praktiker sollen besser verstehen, wie wissenschaftliche Ergebnisse der Psychologie zustande kommen,
wer sie in welchem Sinn nutzbar machen kann und
wo man Informationen über wissenschaftliche Untersuchungen und Ergebnisse findet: z.b. in einschlägigen Zeitschriften, auf Tagungen und Kongressen sowie seriösen Internetseiten.

5 Psychotherapie

5.1 Vorbemerkungen

Wie bereits erwähnt, werden psychische Erkrankungen grob in Neurosen und Psychosen unterteilt. Neurotische Erkrankungen sind – wiederum sehr grob – aus der Biografie des Patienten erklärbar und unter Mithilfe des Patienten (Krankheitseinsicht) zugänglich und veränderbar, in vielen Fällen sogar heilbar. Die therapeutischen Konzepte umfassen „psychische Mittel", eher selten Medikamente. Bei psychotisch erkrankten Patienten (z.b. Schizophrenien) wird in der Regel keine Psychotherapie durchführt. Stattdessen kommen Medikamente und unterstützende Maßnahmen zum Einsatz. Kurzformel: Behandlung ja, Heilung nein. Für die Entstehung dieser Erkrankungen gibt es noch kein allgemein schlüssiges Erklärungsmodell; daher die alte Bezeichnung „endogene Psychose".

Seit einiger Zeit wird diese grobe Einteilung durch andere Begriffe (Störungen) und differenziertere diagnostische Unterscheidungen ersetzt. Dies ist vor allem dem Einfluss der amerikanischen Sichtweise nach 1945 zu verdanken. Dieser Einfluss hat allerdings nicht immer zu größerer Klarheit geführt, da in den USA oft andere gesellschaftlichen Bedingungen und Normen herrschen als in Europa. Leider werden dabei auch von Fachleuten diagnostische Begriffe zusammengesetzt, die zu einer verschwommenen Herangehensweise führen. Dies ist besonders dann zu beobachten, wenn es um Psychosen und deren Behandelbarkeit geht.

Ergänzend sollen jetzt weitere Aspekte zum Thema Psychotherapie bei neurotischen Erkrankungen beschrieben werden. Die gegenwärtig von Psychologen am häufigsten diskutierten therapeutischen Modelle und Konzepte sind die Familientherapie, die Kindertherapie, die Spieltherapie, die systemische Therapie und die Verhaltenstherapie. Die tiefenpsychologisch fundierte Therapie als Form der klassischen Psychoanalyse gilt meist als eigenständiger Bereich. Bei dieser Aufzählung wird bereits deutlich, dass hier manche Begriffe nebeneinandergestellt werden, die eigentlich in einem über- bzw. nachgeordneten Verhältnis zueinander stehen. Dies soll im Folgenden verdeutlicht werden. Da es sich hierbei teilweise um rechtlich nicht geschützte Psychotherapieverfahren handelt, soll zunächst auf die gesetzlichen Rahmenbedingen und die Ausbildungswege eingegangen werden. Dann sollen die übergeordneten Richtungen der Psychotherapie kurz dargestellt und kommentiert werden.

Allerdings will ich hier nur allgemeine Richtungen ansprechen, nicht aber die konkreten therapeutischen Maßnahmen und Methoden. Dazu gibt es im Internet ganz brauchbare Hinweise. Im Übrigen ist es im Ernstfall für einen Patienten unter Leidensdruck zunächst wichtiger, eine vertrauensvolle Beziehung zur Person des Therapeuten zu haben als einen vertiefenden Einblick in dessen Methoden.

Es fällt auf, dass das psychoanalytische Konzept gegenwärtig in der öffentlichen Diskussion oft vernachlässigt wird, obwohl es die historische und methodische Grundlage auch vieler neuerer Verfahren ist. Wie bereits dargestellt, ist die deutsche Sprache durchsetzt mit Denk- und Ausdrucksweisen der Psychoanalyse. So z.B. war es Freud, der von einem bis dahin verbreiteten statischen Persönlichkeitsmodell abwich (der Mensch ist so, wie er ist) hin zu einem dynamischen Persönlichkeitsmodell (der Mensch ist so, wie er sich durch Erziehungsbedingungen entwickelt hat). Auch die von der Psychoanalyse ausgehende Annahme, dass hinter jedem psychischen Leiden auch ein wahrscheinlich bis in die Kindheit zurückliegender Konflikt stehe, genießt heute breite Selbstverständlichkeit im Sinne eines Allgemeinguts. Allerdings wurde genau diese Annahme von den klassischen Lerntheoretikern (Behaviorismus) heftig als unwissenschaftlich bestritten. Nun gibt es auch noch eine gravierende Verwechselungsmöglichkeit: während sich „Lerntheorien" und die daraus abgeleitete „Verhaltenstherapie" begrifflich klar unterscheiden lassen, steht „Psychoanalyse" gleichzeitig für ein Persönlichkeits- und Entwicklungsmodell (des gesunden Menschen) wie auch für eine therapeutische Methodik (des kranken Menschen). So kommt es wohl, dass in der Diskussion oft nicht ganz klar ist, welcher Aspekt gerade im Vordergrund steht.

Psychotherapie wird gemeinhin verstanden als die „Therapie der Psyche": aber das ist seit rund 50 Jahren auch mit Psychopharmaka möglich. Genauer wäre: Psychotherapie ist die Therapie mit psychischen Mitteln. Dies sind in der Regel psychotherapeutische Gespräche mit oder ohne erlebnisaktivierende Maßnahmen der Selbsterfahrung (einschließlich von Träumen). Die Therapie der Psyche mit Psychopharmaka ist bei bestimmten Diagnosen (Psychosen) nicht nur angezeigt, sondern das Mittel der Wahl. Der oft wiederholte Einwurf, dies sei nur eine symptomorientierte Behandlung, ist eigentlich schon deshalb ungerechtfertigt, weil sowohl bei der Behandlung von körperlichen als auch von psychischen Krankheiten nur symptomorientiert vorgegangen werden kann, wenn man die genauen Ursachen gar nicht kennt. Der Ruf nach ursächlicher Behandlung setzt das Wissen um nachweisbare kausale Zusammenhänge voraus. Diese sind aber aufgrund der Komplexität menschlichen Verhaltens und dem Mangel an geeigneter und ethisch vertretbarer Methodik oft nicht wissenschaftlich nachweisbar. (vgl. Kausalität und Korrelation).

Deshalb muss man sich, auch wenn es sich um psycho-edukative, also übende und trainierende Verfahren handelt, im Interesse der Klienten mit symptomorientierter Behandlung begnügen. Natürlich fragen Klienten stets nach Ursachen und genauso selbstverständlich reagieren Therapeuten mit Erklärungsmodellen, die stillschweigend Kausalität unterstellen, nur weil diese Modelle in sich logisch klingen. Sowohl das psychoanalytische wie auch das verhaltenstherapeutische Modell sind weitgehend in sich geschlossen, aber sie vermögen nicht exakt und wiederholbar vorauszusagen, wie eine Entwicklung im Einzelfall verlaufen wird. Dies gilt natürlich ebenso für die Rückwärtssuche in der Biographie eines Klienten. Wissenschaftlich ausgebildete Psychotherapeuten sind sich dieser Einschränkung stets bewusst und deshalb eher zurückhaltend mit „Wenn-dann-Aussagen".

Trotz dieser Widrigkeit müssen Therapeuten und Pädagogen mit demjenigen Modell arbeiten, mit dem sie sich zur Zeit am glaubwürdigsten identifizieren können. Den Klienten hilft die angebotene innere Logik eines Denkmodells möglicherweise mehr als eine wissenschaftlich nachgewiesene Kausalität; sie können ihre eigene Logik daran abgleichen und verändern oder bestätigen.

Dieses Dilemma im Widerstreit von Kausalität und Logik soll am Beispiel der so genannten Resilienzforschung noch einmal verdeutlicht werden.

Resilient wird aus dem Englischen übersetzt mit elastisch, spannkräftig, widerstandsfähig. Dies gilt für ökologische, technische und auch für intrapsychische Systeme, wenn sie in der Lage sind, fehlerhafte oder defizitäre Bedingungen auszugleichen.

Die Forschung zu diesem Thema hat sich in umfangreichen Längsschnittuntersuchungen (also über viele Jahre hinweg) mit der Frage beschäftigt, warum sich Kinder trotz schlechter anfänglicher Bedingungen zu sozial angepassten und glücklichen Erwachsenen entwickeln können. Dahinter steht die alte statische Kausalvermutung, dass eine „schlechte Kindheit" eigentlich auch „schlechte und unglückliche Menschen" hervorbringen müsse. Immerhin finden sich in vielen Biographien von Gewalttätern auch gewalttätige Erziehungsmethoden.

Auch im Zusammenhang mit der Hospitalismusforschung – meist verstanden als Folge bei Trennung von der Mutter - finden sich frühe Untersuchungen z.B. an 700 „Findelkindern" in Paris (Ch. W. Hufeland 1762-1836, 1937), wonach es trotz guter Pflege und Ernährung nach 10 Jahren nur noch 180 Überlebende gab. Auch alte Experimente an Affen (Harlow 1962, Deprivation durch Mutter-Entzug) und Ratten (Deprivation durch Mangel an Zuwendung) stützten diese Thesen. Schließlich haben auch die logischen Modelle der Psychoanalyse (R. Spitz 1965, „anaklitische Depression") und die der Lerntheorien bestimmte Zusammenhänge nahegelegt.

Insbesondere die Pädagogik besteht oft aufgrund ihres Selbstverständnisses auf der grundsätzlichen Veränderbarkeit des Menschen. Dies ist eine alte philosophische Fragestellung, welche sich mit der Freiheit des Menschen (Selbstbestimmung) oder seiner biologischen und sozialen Determiniertheit (hier: Fremdbestimmung) beschäftigt. Ein eindeutiges Ergebnis zugunsten einer dieser Positionen hätte weitreichende ethische, rechtliche und soziale Folgen für die Gesellschaft.

Die Untersuchungen der Resilienzforschung haben ergeben, dass die natürliche kindliche Resilienz durch ein positives Umfeld und geeignete Erziehungsmaßnahmen gefördert und gestärkt werden kann (F. Petermann 1998). Dies entspricht auch den Konzepten von Rudolf Steiner (1861-1925, Anthroposophie, „Waldorf-Pädagogik") oder Maria Montessori (1870-1952), die schon früh pädagogische Konzepte und Methoden entwickelt und vor allem im Ausland erfolgreich umgesetzt haben. Es geht also um Prävention und Frühförderung, die sich aufgrund der Konzepte logisch darstellen und als hilfreich erweisen, ohne dass der wissenschaftlich kausale Nachweis von ihnen geführt werden muss.

5.2 Gesetzliche Rahmenbedingungen

Wie schon an anderer Stelle dargelegt wurde, ist die Psychotherapie eine Zusatzausbildung, die in Deutschland meist nicht an Hochschulen gelehrt wird. Gleichwohl wird ein einschlägiges wissenschaftliches Studium als theoretische Grundlage vorausgesetzt.

Anders als z.B. in den USA, wo grundsätzlich nicht Ärzte, sondern Sozialarbeiter und Psychologen die Psychotherapie durchführen, ist dies in Deutschland bis 2000 nur Ärzten und Heilpraktikern vorbehalten gewesen. Sogenannte Heilhilfsberufe und andere nicht-ärztliche Berufsgruppen (z.B. auch Klinische Psychologen mit psychotherapeutischer Zusatzausbildung) konnten nur unter Aufsicht und nach Überweisung durch Ärzte tätig werden. Inzwischen ist nach Jahrzehnte langem und zähen Ringen der Heilberuf im Jahre 2000 um eine neue Berufsgruppe ausgedehnt worden: so genannte Psychologische Psychotherapeuten. Diese sind jetzt automatisch als Mitglieder in einer Landes- und Bundespsychotherapeutenkammer organisiert. Die Kammern sind auch zuständig für Anfragen aller Art zum Thema Psychotherapie.

Die Ausbildung zum Psychotherapeuten in Deutschland erfolgte bis 2000 in der Regel durch Psychotherapie-Verbände und Institute; zugelassen wurden bis dahin je nach Institut und therapeutischer Ausrichtung Ärzte jeder Fachrichtung, Psychologen und andere Berufsgruppen nach mehrjähriger Berufspraxis. Eine Ausbildung dauerte üblicherweise mindestens drei bis vier Jahre und beinhaltete Theorie, Selbsterfahrung, Eigentherapie und therapeutische Praxis unter Supervision. Jetzt sind die Ausbildungsinstitute meist dieselben, die auch früher ausgebildet haben, aber nun müssen sie strenge gesetzliche Auflagen erfüllen. An der Dauer der Ausbildung hat sich wenig geändert; die inhaltliche und formale Überwachung erfolgt nun durch die neu geschaffenen Kammern und durch Berufsverbände.

Personen, welche die Psychotherapie ausüben wollen, aber nicht von den üblichen Ausbildungsinstituten zugelassen werden oder diese nicht in Anspruch nehmen wollen, können nach wie vor eine Ausbildung zum Heilpraktiker durchlaufen (Heilpraktikergesetz HPG), dann eine psychotherapeutische Zusatzausbildung abschließen und schließlich nach einer Prüfung bei den zuständigen amtsärztlichen Stellen die Heilkunde ausüben.

Eine formlose Anerkennung als Psychotherapeut wurde früher von den privaten Ausbildungsinstituten und von den Krankenkassen definiert. Seit 2000 gilt (außer für Ärzte und Heilpraktiker): staatliche Approbation für „Psychologische Psychotherapeuten" (inklusive Pädagogen und gelegentlich auch Sozialpädagogen), die an anerkannten Instituten mit wissenschaftlich anerkannten Inhalten ausgebildet wurden. Dies ist jetzt eine rechtlich geschützte fachrechtliche, nicht aber eine sozialrechtliche Anerkennung (Abrechnung mit Krankenkassen).

Während die Verbände der Sozialen Arbeit und die der Pädagogik immer noch die „Psychotherapeutisierung" ihrer Berufsgruppen befürchteten und diskutierten, haben sich die Psychologenverbände und die Psychotherapieverbände die gesetzliche Erweiterung der Heilkunde erkämpft. Zum Nachteil der Pädagogen kam dann im Zuge der langwierigen Verhandlungen ein unbefriedigendes Ergebnis zustande: sie können sich zwar grundsätzlich in allen

Therapieformen ausbilden lassen, werden aber nur als Kinder- und Jugendlichen-therapeuten fachrechtlich anerkannt und approbiert, sofern sie an einem anerkannten Ausbildungsinstitut nach den als wissenschaftlich anerkannten Richtlinienverfahren (siehe unten) ausgebildet wurden.

Ein sozialrechtlicher Anspruch auf Kostenübernahme durch die Krankenkassen für Nicht-Ärzte bestand früher nicht, da in jedem Fall die ärztliche Diagnose einer Krankheit im Sinne der Reichsversicherungsordnung (RVO) und ein persönlicher Leistungsvertrag mit den selbständigen regionalen Kassenärztlichen Vereinigungen in den einzelnen Bundesländern vorausgesetzt wurde. Die Kassen hatten allerdings unter bestimmten Umständen die Kosten für eine psychotherapeutische Behandlung durch Nicht-Ärzte übernommen. Inzwischen können approbierte Psychologische Psychotherapeuten, also Psychologen und andere Berufsgruppen wie Diplompädagogen oder Theologen eine sozialrechtliche Anerkennung beantragen. Dies wird allerdings von den Kassenärztlichen Vereinigungen sehr restriktiv gehandhabt, zumal die ärztlichen Psychotherapeuten andernfalls einem starken Wettbewerb ausgesetzt wären. Ärzte und Heilpraktiker sind natürlich nach wie vor zur Ausübung der Heilkunde einschließlich der Psychotherapie berechtigt, sofern sie eine entsprechende Zusatzausbildung nachweisen. Auch sie müssen die sozialrechtliche Zulassung bei ihrer regionalen Kassenärztlichen Vereinigung beantragen.

Nachdem die fachrechtliche Anerkennung per Gesetz geregelt war, blieb die Frage offen, welche der vorhandenen Psychotherapieverfahren denn als ausreichend wissenschaftlich fundiert zu gelten hätten und damit für die Ausbildung anerkannt werden müssten. Dazu setzte die Bundesregierung eine überwiegend ärztliche Kommission ein, welche die Richtlinien für diese Frage entwickeln sollte. Diese Richtlinien-Kommission empfahl schließlich, nur die Psychoanalyse und davon abgeleitete Verfahren sowie die Verhaltenstherapie als wissenschaftlich begründet anzuerkennen. Diese beiden so genannten „Richtlinienverfahren", welche der Kommission wohl aus historischen Gründen einerseits und dem ärztlichen Wissenschaftsverständnis andererseits nahe lagen, sind zur Zeit die Einzigen, die prinzipiell fachrechtlich und sozialrechtlich anerkannt werden.

Über diese als rigide und ungerecht empfundene Eingrenzung und dem daraus folgendem Ausschluss aus der sozialrechtlich wichtigen Zulassung gab es von Seiten der anderen etablierten psychotherapeutischen Verfahren heftigen Streit. Insbesondere haben sich dabei die Fachverbände der Gesprächspsychotherapie nach Carl Rogers (1902-1987) hervorgetan.

Inzwischen haben sie eine erste Vorstufe der Anerkennung durch die strenge Richtlinienkommission erreicht: sie dürfen im Rahmen der Ausbildung zusammen mit den Richtlinienverfahren als eigenständiges wissenschaftliches Konzept gelehrt werden. Es sind also die persönliche Zulassung zur Ausbildung und die wissenschaftliche Anerkennung der Ausbildungsinhalte, welche über die Anerkennung als Psychologischer Psychotherapeut und damit über die Aufnahme in die Kammer entscheiden.

5.3 Krankheitsbegriff und Therapie

Nur die Behandlung eines Leidens mit Krankheitswert wird von den Kassen bezahlt. Entsprechend werden die Kosten für Psychotherapie nur dann von der Versicherung übernommen, wenn nicht nur Leidensdruck, sondern eine Krankheit vorliegt. Dies wiederum wird nach Rücksprache mit den Ärztevereinigungen und den Versicherungen in Sozialgesetzbüchern festgelegt. Übrigens: Das Fürsorgegesetz wird gegenwärtig durch ein Teilhabegesetz ersetzt. Die Definition einer Krankheit kann ausgehen von politisch-gesellschaftlichen Gruppierungen (z.B. Weltgesundheitsorganisation WHO), den behandelnden Experten oder subjektiv von der betroffenen Person selbst. Entscheidend ist jedoch die objektivierbare Diagnose eines Arztes, Heilpraktikers oder Psychologischen Psychotherapeuten.

Ein anderes Krankheits- bzw. Gesundheitskonzept ist das Modell der Salutogenese (Aaron Antonovsky, 1979), wonach es nicht um die Frage geht „wie wurde ich krank?", sondern um die Frage nach der Gesunderhaltung, also „wie bleibe ich gesund?"

Darüber hinaus wird Krankheit im Sozialgesetzbuch als eine vorübergehende Beeinträchtigung verstanden, während Behinderung eine dauerhafte Beeinträchtigung sei (Sozialgesetzbuch V). Da diese Unterscheidung nicht immer und ohne weiters gelingt, werden Listen aufgestellt, in welche die Krankheiten und Behinderungen aufgenommen werden. Weil beide aus verschiedenen finanziellen Budgets bezahlt werden, gibt es darüber auch immer wieder ausführliche Diskussionen und Auseinandersetzungen

Die Vorläuferin der Psychotherapie im deutschsprachigen Raum, also die Psychoanalyse, wurde zunächst im Rahmen der Psychiatrie entwickelt. Als dann im Dritten Reich die meist jüdischen Vertreter dieser Wissenschaft verbannt oder umgebracht wurden, verarmte dieser Bereich in Deutschland und kam durch die Entwicklung der Psychopharmaka fast zum Erliegen. Während sich die Psychiatrie interessiert den neuen Medikamenten zuwandte, brachten Psychologen und andere Berufsgruppen die Psychoanalyse und daraus entwickelte andere Formen der Psychotherapie nach dem Krieg wieder zurück ins Land und etablierten Fachverbände, die dann Ausbildungspläne zusammenstellten und danach ausbildeten. Immer neue Therapierichtungen und Selbsterfahrungsmodelle schossen wie Pilze aus dem Boden und nährten die Skepsis insbesondere bei Ärzten und ihren Verbänden. Die noch etwas unerfahrenen Versuche, das scheinbar große Angebot an verschiedenen therapeutischen Richtungen zu ordnen und voneinander abzugrenzen, ließen für eher misstrauische Beobachter den Schluss zu, dass sich hier möglicherweise Scharlatanerie ausbreite und zum Schaden der Klienten viel Geld verdient würde. Diese grundsätzliche Skepsis ist auch nach der Einführung neuer Gesetzgebung nicht ganz abgeklungen: renommierte Zeitschriften wie „Der Spiegel" oder der „Stern" griffen und greifen das Thema immer wieder kritisch, manchmal allzu kritisch auf und verunsichern damit möglicherweise therapiebedürftige Menschen.

So, wie es verschiedene Sprachen und Dialekte gibt, kann man sich vielleicht auch die psychotherapeutischen Modelle vorstellen. Sie beschreiben alle mehr oder weniger umfassend und genau einen bestimmten Sachverhalt, aber mit verschiedenen Vokabeln und verschiedener Grammatik. Manche sind eher „technisch" nach klaren Regeln aufgebaut und deshalb scheinbar oder tatsächlich leichter zu erlernen, manche eher „blumig" im Ausdruck und nach scheinbar unübersichtlichen Regeln und deshalb vielleicht schwieriger zu erlernen. Am Ende aber kann man fast in jeder Sprache fast dasselbe sagen. Falls nicht, übernimmt man regelmäßig einen Begriff aus der anderen Sprache: gegenwärtig ist es überwiegend englisch.

Bei solch allgemeiner und übergeordneter Betrachtungsweise gibt es hier wahrscheinlich nur vier große, logisch weitgehend in sich geschlossene Sprachen oder theoretische Krankheitsmodelle und daraus abgeleiteten Therapien: Psychoanalyse, Verhaltenstherapie, systemische Therapie und Humanistischen Psychotherapie (z.B. Gestalttherapie). Ursprünglich lagen diesen Modellen verschiedene Menschenbilder und Selbstverständnisse und vor allem verschiedene Krankheitsmodelle zugrunde, die auch nach wie vor unterscheidbar sind und über die in akademischen Kreisen gestritten wird.

Fast jede therapeutische Richtung entwickelt sich weiter und bringt dabei im Lauf der Jahre auch „Ableger" hervor. Allerdings bleiben die Gemeinsamkeiten dieser „Ableger" mit ihren jeweiligen Ursprüngen meist größer als die Unterschiede zwischen ihnen (Streit der psychotherapeutischen Schulen untereinander und mit den eigenen Ursprüngen). Alle diese Richtungen betonen meist zu Recht die Ganzheitlichkeit ihrer Betrachtungsweise sowie die direkte oder indirekte Einbeziehung des Umfelds der Klienten. Allerdings beanspruchen einige Fachverbände bestimmte Begriffe wie „ganzheitlich" oder „lösungsorientiert" ausschließlich für sich selbst.

Die meisten Psychotherapeuten haben mehrere Zusatzausbildungen- und qualifikationen erworben und arbeiten „eklektisch" (auswählend), also mit allen ihnen zur Verfügung stehenden Methoden. In jedem Fall darf zunächst unterstellt werden, dass praktisch tätige Psychotherapeuten relativ unabhängig von ihrer Fachrichtung und ihrem Krankheitsmodell den Patienten / Klienten nach Kräften helfen wollen und alles unternehmen, was diese in ihrer Zielsetzung weiterbringt.

Sowohl die Psychoanalyse als auch später einige andere Therapierichtungen haben eine „Kinder- oder Spieltherapie" hervorgebracht. Ebenso haben sie auch eine „Gruppentherapie" und eine „Familientherapie" entwickelt. Beinahe alle bieten Therapie für Einzelne, für Paare oder für spezielle Symptomgruppen an. Eine Zeit lang wurde darüber gestritten, welche Therapie für welches Symptom am Günstigsten sei. Nachdem dieser Disput nun gerade abgeebbt war, scheint er jetzt unter dem zunehmenden Wettbewerbsdruck um wissenschaftliche Anerkennung wieder aufzuflammen. Tatsächlich kann fast jede Therapierichtung, die über ein umfassendes eigenes Krankheitsmodell verfügt, auch die Therapie aller Symptome für sich beanspruchen. Die Wissenschaftskommission fragt mit ihren Richtlinien allerdings nicht nach diesen Details, sondern nur, ob sich die angewandten Verfahren aus den Modellen der Psychoanalyse oder den Lerntheorien speisen.

Vor diesem Hintergrund sind Bezeichnungen wie Ehe-, Paar-, Gruppen-, Sexual-, Familien-, Musik-, Mal-, Theater- oder Tanztherapie unvollständig und führen zu Missverständnissen. Sie sind zunächst unspezifisch hinsichtlich ihres theoretischen und formalen Hintergrunds, d.h. sie sind fachlich nicht „reserviert" und daher weder geschützt noch gesetzlich anerkannt: sie alle bedürfen erst der weiteren theoretischen und methodischen Zuordnung. So sagen die Begriffe Ehe-, Paar- oder Gruppentherapie zunächst nur etwas aus über die Anzahl der Teilnehmer („setting" – Zusammensetzung)), während Musik-, Mal-, Theater- oder Tanztherapie die Methode angeben. Sexualtherapie sagt etwas aus über den inhaltlichen Gegenstand der Therapie. Da aber viele Therapeuten auch viele Methoden nutzen und für fast alle thematischen Inhalte ansprechbar sind, wäre für den Laien die Frage nach dem übergeordneten Krankheitsmodell bedeutsamer.

Für Fachleute sind Begriffe wie Familien-, Kinder- und Spieltherapie zwar inhaltlich anerkannte und begrifflich deutlich besetzte Verfahren. Auch die systemische Therapie und dort die systemische Familientherapie sind unbestrittene Therapieformen. Gleichwohl sollte jemand, der von sich sagt, er biete z.b. familientherapeutische Behandlung an, erst einmal gefragt werden: „welche?"

Früher wurde in der Psychiatrie unterschieden in „große" und „kleine" Psychotherapie. Die große Psychotherapie stand für die intensive und lang andauernde Psychoanalyse nach Freud. In manchen ärztlichen Bereichen steht Psychotherapie immer noch synonym für Psychoanalyse, während inzwischen die Psychoanalyse allgemein als eine der Hauptformen der Psychotherapie gesehen wird.

Die „kleine Psychotherapie" beinhaltete früher Konzentrations- und Entspannungstechniken wie Autogenes Training oder progressive. Diese Verfahren sind nach wie vor abrechnungsfähig, treten aber kaum noch unter dem Stichwort Psychotherapie auf.

Später wurden die nicht-psychonanalytischen Verfahren wie Verhaltenstherapie oder Gesprächspsychotherapie ebenfalls zur Kleinen Psychotherapie gerechnet, weil ihnen im Gegensatz zur Psychoanalyse nicht etwa 400 Sitzungen zugestanden wurden, sondern nur etwa 25. Oft wurden diese Verfahren auch als „Kurzzeitverfahren" begriffen. Manche amerikanischen Verfahren überboten sich sogar selbst mit immer neuen, verhaltenstherapeutisch orientierten Kurzzeitverfahren (vgl. Steve de Shazer, 1940-2005) und beanspruchen für sich, im Gegensatz zu anderen Verfahren, lösungsorientiert und ressourcenorientiert zu arbeiten. Auch das so genannte „Neuro-linguistische Programmieren" (NLP, Grinder & Bandler, 1982) boten als Methodensammlung eine eher kurze Art von Kommunikationstraining an und wird deshalb auch oft in wirtschaftsbezogenen Trainings eingesetzt. Solche Kurzverfahren passen eher in den amerikanischen Gesamtkontext und entsprechen weitgehend den psychotherapeutischen Ansätzen von Milton Erickson (1901-1980, „Klinische Hypnose").

Eine andere Unterscheidungsmöglichkeit waren die Begriffe „aufdeckende" oder „zudeckende" Therapie; allerdings ist dieses Begriffspaar durchaus umstritten. Eine aufdeckende Therapie sollte alte, unbewusste Konflikte zum Vorschein bringen und so die bewusste Aufarbeitung möglich machen. Dies galt in erster Linie für die Psychoanalyse und davon abgeleitete Verfahren (Tiefenpsychologie: die Tiefe der Biographie und die Tiefe des Unbewussten). Die zudeckende Therapie sollte Verhalten einüben und trainieren, aber nicht ins Unbewusste vordringen. Diese Unterscheidung ist (siehe oben) wichtig bei den Diagnosen „Neurose" oder "psychosomatische Erkrankung" (prinzipiell aus der Biographie des Klienten verstehbar) und Psychose (aus der Biographie nicht verstehbar, weil noch kein umfassendes Erklärungsmodell zur Verfügung steht). Die Behandlung einer Neurose kann in diesem Verständnis sowohl auf – als auch zudeckend erfolgen. Die Behandlung von Psychosen hingegen soll nur mit zudeckenden Verfahren geschehen, da es sonst zu erneuten Krisen kommen kann. Auch aus anderen Gründen, die mit den Leitsymptomen einiger Psychosen zusammenhängen (z.B. hoher Leidensdruck, aber fehlende „Krankheitseinsicht", Realitätsverlust), gilt dort aufdeckende Therapie meist als kontraindiziert und möglicherweise sogar als Kunstfehler.

Es gibt viele Auflistungen von gängigen Psychotherapieverfahren. Man kann die verschiedenen Verfahren nicht nur nach ihrem theoretischen Ursprung, sondern auch nach ihrer überwiegend verwendeten Methodik ordnen. Dabei ist zu beachten, dass die Begründer der meisten humanistischen Therapieformen ursprünglich Psychoanalytiker waren. In den USA wird über die Grenzen einzelner Verfahren ausgebildet: fast alles – selbst einige Psychosebehandlungen - kommt als Familientherapie daher und wird als fließender Übergang der Therapierichtungen verstanden. Entscheidend ist vielmehr der Anspruch eines Klienten hinsichtlich der für ihn als brauchbar empfundenen Information.

Für Menschen, die sich mit einer Therapieausbildung beschäftigen, ist es ratsam, sich zunächst nur einer einzigen Ausbildungsrichtung zu verschreiben und die von Grund auf zu erlernen, so dass nicht von vornherein Konzepte und Methoden vermischt werden, die womöglich nicht miteinander kompatibel sind. Wenn dann später eklektisch gearbeitet wird, darf das nicht mit Beliebigkeit verwechselt werden.

5.4 Allgemeine Bemerkungen

Kinder- und Spieltherapie

Kindertherapie ist meistens Spieltherapie, weil man Kindern nicht die Einsicht und das Verständnis in ein therapeutisches Modell zumuten kann und will und weil Kinder eher auf der Handlungsebene angesprochen werden wollen. Man nutzt das kindliche Verlangen nach Spiel sowohl für diagnostische wie auch für therapeutische Zwecke. Man kann einige Konzepte nach ihrer Herkunft noch weiter in Kategorien unterscheiden, so z.b. nach direktiver und nicht-direktiver Spieltherapie. In der direktiven Spieltherapie überwiegt die Anleitung des Spiels durch die Therapeuten, bei der nicht-direktiven bleiben Auswahl und Prozessrichtung überwiegend dem Kind überlassen.

Ursprünglich wurde die Spieltherapie von den Analytikerinnen Anna Freud (1895-1985, Kinderanalyse) und Melanie Klein (1882-1960) entwickelt und geprägt. Dann kamen, wie bei den meisten Psychoanalytikern im politischen Exil, auch Forscher wie René Spitz hinzu (1988-1974, Säuglingsforschung und Entwicklungspsychologie). Es gibt inzwischen eine Vielzahl von spieltherapeutischen Konzepten, die sich von verschiedenen Krankheitsmodellen ableiten. Die Ausbildung zum Kinder- und Jugendlichentherapeuten steht für viele soziale Berufsgruppen offen. Sie muss an anerkannten, also nach gesetzlichen Vorgaben zertifizierten Ausbildungsinstituten erfolgen. Danach kann eine Appro-

bation beantragt und damit eine fachrechtliche Anerkennung bestätigt werden.

Familientherapie

Da es – wie bei den anderen Therapieformen auch -
nicht **die** Familientherapie gibt, wäre es richtiger,
von **den** Familientherapien zu sprechen. Es gibt viele Forscher, die das Konzept der Therapie der Familie bzw. die Therapie mit Hilfe der Familie begründet und entwickelt haben. Eine psychoanalytische
Richtung der Familientherapie kam aus Italien
(Mailänder Modell: Maria Selvini Palazzoli, 1916-
1999). Im deutschsprachigen Raum entwickelte sich
ebenfalls eine psychoanalytische Familientherapie
(Horst-Eberhard Richter, 1923-2011). In den USA
gewann eine entwicklungsorientierte Familientherapie an Boden (Virginia Satir, 1916-1988). Weitere
folgten: die Strukturelle Familientherapie (Salvador
Minuchin, 1921-2017), direktive Familientherapie
(Jay Haley, 1923-2007), systemische Familientherapie (Helm Stierlin, geb. 1926).

Die lange Zeit viel beachteten Familienaufstellungen
des Theologen und Psychoanalytikers Bert Hellinger
(geb. 1926) wurden ursprünglich von dem ungari-
schen Psychiater Jakob Levy Moreno (Psychodrama,
1889-1974) entwickelt und von der Familienthera-

peutin Virginia Satir als „Familienrekonstruktion"
fortgesetzt. Hellinger, der keine klassische Ausbildung zum Psychotherapeuten hat, versteht sich auch
nicht als Therapeut, sondern als „Heiler", der meist
in großen Versammlungen Lebenshilfe bietet. Inzwischen gibt es auch eine außerordentlich große
und rege Laienbewegung, die sich der Methode Bert
Hellingers bedient und überall – auch zweifelhafte -
Aufstellungen praktiziert.

„Family" hat in den USA einen weitaus höheren
Stellenwert als in Deutschland. Deshalb wurden dort
viele Schulen der Familientherapie begründet. Allgemein gilt Psychotherapie in den USA eigentlich
immer als Family Therapy insofern, als stets Fami-
lienangelegenheiten über die Generationen hinweg
zur Sprache kommen und bearbeitet werden (auch
dann, wenn nicht die ganze Familie an den Gesprä-
chen teilnimmt). Während sich die im deutschsprachigen Raum entwickelte Familientherapie zunächst
eindeutig auf die Psychoanalyse bezog und später
eine „systemische Familientherapie" hervorbrachte,
haben andere Autoren die amerikanische „systemische Familientherapie" mit ihren dortigen Begrün-
dern in den Vordergrund gestellt. Beim „Import" der
Familientherapie aus den USA ist es gelegentlich zu
einiger Verwirrung gekommen, was die Zuordnung
bzw. die Abgrenzung voneinander betrifft.

In den USA hat man meistens ganz pragmatisch die Behandlungsmethoden danach unterschieden, ob und inwieweit die Klienten Einblick (insight) in ein zugrunde gelegtes Störungsmodell nehmen wollen und können. Die Familientherapie in den USA stellt ein Kontinuum von „wenig Einsicht" (wenig Interesse, Motivation und kognitiven Fähigkeiten) bis „viel Einsicht" dar (viel Interesse an der eigenen Biographiearbeit und Aufarbeitung entlang eines Erklärungsmodells). Die in den USA vorgenommenen Zuordnungen sind nicht einander ausschließend zu verstehen, zumal die verschiedenen Verfahren nicht gleichzeitig entwickelt wurden, sondern historisch und sehr pragmatisch orientiert gewachsen sind.

Verhaltenstherapie

Die Verhaltenstherapie basiert auf den Lerntheorien, wobei sich der Blick der Pädagogik lange Zeit besonders auf das Modell der Nachahmung (Albert Bandura, geb. 1925) und das der operanten Konditionierung (Burrhus Frederic Skinner, 1904-1990) konzentriert hat. Erst in Südafrika (Joseph Wolpe, Systematische Desensibilisierung, 1915-1997), dann in England (Hans Jürgen Eysenck, 1916-1997) und den USA (Frederick Kanfer, SORKC- Modell, Selbstmanagement, 1925-2002) entstanden eine Reihe von Methoden, die schließlich unter dem Begriff der Verhaltenstherapie zusammengefasst wurden.

Für die Verhaltenstherapeuten ging es ausdrücklich nicht um die Analyse frühkindlicher Konflikte und Störungen, sondern um konkret erlernbare und messbare Verhaltensänderungen. Sie betonte ihre empirisch wissenschaftliche Herangehensweise im Unterschied zur überwiegend hermeneutischen Methodik der Psychoanalyse.

Im Laufe der Zeit hat sich das Spektrum der Verhaltenstherapie um eine große Zahl differenzierter Techniken erweitert. Sehr verbreitet sind neuere Methoden wie das Biofeedback (etwa im Zusammenhang mit Schmerztherapie), das EMDR (Eye Movement Desensitization and Reprocessing von Francine Shapiro, geb. 1948), die dialektisch-behaviorale Therapie bei Borderlinestörungen von Marsha Linehan, geb. 1943). Die Rational Emotive Therapie, ursprünglich von Albert Ellis (1913-2007) entwickelt und weitgehend als eine der humanistischen Psychotherapieverfahren klassifiziert, hat inzwischen eine eigene verhaltenstherapeutische Variation erfahren.

Entsprechend dem Umfang des lerntheoretischen Modells und der Vielfalt therapeutischer Techniken dauert eine solide Grundausbildung einige Jahre. Allerdings erwerben manche Therapeuten lediglich einzelne Techniken, um diese dann in ihr Konzept einzufügen.

Systemische Therapie

Diese Therapieform hat sich ursprünglich aus einer kybernetischen Sichtweise (Fließgleichgewicht) heraus entwickelt. Die so genannte Systemtheorie beobachtete und beforschte Systeme aller Art und schließlich auch das „System Familie". So werden beispielsweise Konflikte in der Familie nicht auf den „Symptomträger" ("Indexpatient", identified patient) reduziert, sondern als Zusammenwirken verschiedener Beziehungsstörungen in der Familie betrachtet. Es folgt eine Analyse von Mustern im Kommunikationsverhalten mit dem Ziel, Verständnis für die Haltung der übrigen Beteiligten zu entwickeln. Der dann folgende Beratungsprozess wird meist mit „lösungs- und ressourcenorientiert" beschrieben. Erklärtes Ziel ist es, Systeme zu „verstören", also durchaus verwirrende und auch provokative Impulse zu geben, die auf der kognitiven Ebene aufrütteln und zu neuer Betrachtung und Bewertung führen sollen.

Dazu passen Begriffe und Techniken, die auch bei der so genannten Klinischen Hypnose oder Hypnotherapie von Milton Erickson (1901-1980) oder beim Neurolinguistischen Programmieren (NLP, Bandler & Grinder) eingesetzt werden. So z.b. zirkuläre Fragen, welche die Meinung Dritter aufzeigen sollen, das Umdeuten von Verhalten (Reframing), die „paradoxe Verschreibung" und insbesondere die Arbeit mit Metaphern und ineinander verschachtelten Geschichten (Arist von Schlippe, 2003; Gunter Schmidt, 1994).

Andere Werkzeuge wie das Genogramm, ursprünglich entstanden aus dem Soziogramm der Gruppendynamik, wobei soziale Beziehungen graphisch dargestellt werden, sind hier verfeinert worden und finden inzwischen Anwendung in vielen Bereichen der Therapie und der Beratung.

Die systemische Therapie und Beratung hat sich – je nach Sichtweise - zunächst aus der modernen Psychoanalyse heraus entwickelt. Sie verzichtete zunächst auf ein eigenes Krankheits- und Erklärungsmodell und legte stattdessen großen Wert auf Interventionen, bei denen der Therapeut bewusst die Führung übernimmt. Die Fachverbände der systemischen Therapie verwahren sich inzwischen gegen einige therapeutische Richtungen, die aus ihrer Sicht den Begriff „systemisch" ohne fundiertes Wissen oder ohne Wahrung der notwendigen therapeutischen Bedingungen zu Unrecht benutzen.

Die wichtigsten therapeutischen Ansätze und Modelle sind - in der geschichtlichen Reihenfolge - die Psychoanalyse, dann die auf den Lerntheorien basierende Verhaltenstherapie, die oft körper- und erlebnisorientierten Verfahren der Humanistischen Psychotherapie sowie die systemische Therapie.

Es gibt auch Ausbildungen, die lediglich die psychotherapeutischen Grundlagen vermitteln und zeitlich viel kürzer angelegt sind. Oft werden auch statt einer therapeutischen Ausbildung spezifische, auf die Symptomgruppe bezogene Beratungsausbildungen angeboten. Beispiele dafür sind „Suchtberatung", „Personenzentrierte Gesprächsführung und Beratung", „Familienberatung" oder „Integrative Therapie und Beratung". Diese Beispiele entsprechen auch durchaus einer sinnvollen und von vielen Interessenten gewählten Zusatzausbildung, da sie die bereits an anderer Stelle erworbenen Kompetenzen gezielt auf ihre Arbeitsfelder hin vertiefen.

Ach ja, was noch wichtig ist: nicht alle Probleme müssen therapiert werden. Mit einigen Schwierigkeiten lässt es sich gut leben.

Falls aufdringliche Möchte-gern-Therapeuten Sie bedrängen: erhalten Sie sich Ihre gesunden Abwehrkräfte! Niemand gibt gern ein Problem preis, wenn ungefragt danach geforscht wird: gesunder Selbstschutz.

TIEFEN PSYCHOLOGIE

Es, Ich und Über-Ich grinsend im Versteck:
ein Psychoanalytiker sucht und findet nichts
aus: Die Drillinge des Sigmund Freud. Hans Biedermann, 1993

131

So. Jetzt ist wahrscheinlich immer noch nicht hinreichend gesagt worden, was gesagt werden müsste. Aber wenn Sie das alles gelesen und verdaut haben, wissen Sie schon einiges mehr zum Thema „alles Psycho!" und Sie können sich kompetent und ohne Zögern in entsprechende Diskussionen einmischen!

Aber vielleicht kann ja auch alles, was ich Ihnen dargestellt habe, ganz anders gesehen werden ...

Anhang

Psychische Erkrankungen

klassische (alte) Begriffe, stark vereinfacht

Psychosen

- Schizophrenien, affektive Psychosen (Manie, endogene Depression, Bipolarität), Autismus
- (noch) nicht aus der Biografie verstehbar
- Medikamente und zudeckende, unterstützende Therapie

Neurosen (einschließlich Psychosomatik)

- Angstneurose, Phobie, reaktive Depression, Zwang, etc.
- Psychosomatik: chronische Erkrankung großer Organbereiche
- aus der Biografie verstehbar
- aufdeckende oder übende Psychotherapie, „Aufarbeitung"

Borderline

Grenzfall zwischen Neurose und Psychose

oder aber eigenständige Erkrankung (je nach Definition)

Vom selben Autor:

Dentler, Peter: Liebe ist eine Entscheidung.
Eine Anleitung zum Erwachsenwerden.
Flensburger Hefte Verlag, Flensburg 2009,
ISBN 978-3-935679-51-0

Neuerscheinungen in der Reihe ‚Bordesholmer Edition':

Bd. 28: Lisbeth
Autobiografischer Roman
Von Liza Olivia del Bosco
ISBN 978-3-7431-3759-2   192 Seiten   Preis 14,95€

Bd. 30: Über die Heide
Gedichte von Theodor Storm
in Plattdeutsch gesetzt von Knut Emeis
ISBN 978-3-7431-3814-8   48 Seiten   Preis 5,90€

Bd. 31: Familienbande
Texte von 9 Autoren aus Bordesholm und Umgebung
Herausgegeben von Jürgen Baasch
ISBN 978-3-7448-3320-2   224 Seiten   Preis 12,00€

Bd. 32: Vanitas oder: Wir sind alle nur Käfer
19 Essays aus Wissenschaft, Psychologie und Gesellschaft
von Hartmut Wiedling
ISBN 978-3-7448-9934-5   112 Seiten   Preis 6,90€

Bd. 33: Feuerteufel
Der siebte Bordesholmkrimi
von Jürgen Baasch, Elmer Schmidt, Detlef Tenneberger
und Henning Thomsen
ISBN 978-3-7448-9953-6   208 Seiten   Preis 9.90€

Bd. 34: Kalendergeschichten 2018
von Elisabeth Albert, Jürgen Baasch, Ingrid Brandenburger,
und Thorsten Schönberg
ISBN: 978-3-7460-3706-6   140 Seiten   Preis 9,90€

Der „Bestseller":
Bd. 11: Rezepte für die faule Hausfrau
Kleines Kochbüchlein ohne Anspruch auf Michelinsterne
von Durannimo von der Wied
ISBN 978-3732-28628-7   52 Seiten   Preis 4,50€

Bordesholmer Edition

Eine Reihe für Autoren von Bordesholm und Umgebung

Herausgeber: J. Baasch und H. Wiedling

bordesholmer.edition@yahoo.de

© 2018
Herstellung und Verlag:
BoD – Books on Demand, Norderstedt.
ISBN: 978-3-7528-5045-1